한국어능력시험

TOPIK I
읽기 Reading

다락원

한국어능력시험
TOPIK I 읽기 합격특강
Intensive Course for TOPIK I Success : Reading

지은이 전나영, 손성희
펴낸이 정규도
펴낸곳 (주)다락원

초판 1쇄 발행 2024년 10월 10일

기획 권혁주, 김태광
편집 이후춘, 김효은, 박소영

디자인 최예원, 김민정

DARAKWON
경기도 파주시 문발로 211
내용문의: (02)736-2031 내선 291~296
구입문의: (02)736-2031 내선 250~252
Fax: (02)732-2037
출판등록 1977년 9월 16일 제406-2008-000007호

Copyright©2024, 전나영, 손성희

저자 및 출판사의 허락 없이 이 책의 일부 또는 전부를 무단 복제·전재·발췌할 수 없습니다. 구입 후 철회는 회사 내규에 부합하는 경우에 가능하므로 구입문의처에 문의하시기 바랍니다. 분실·파손 등에 따른 소비자 피해에 대해서는 공정거래위원회에서 고시한 소비자 분쟁 해결 기준에 따라 보상 가능합니다. 잘못된 책은 바꿔 드립니다.

http://www.darakwon.co.kr

다락원 홈페이지를 방문하시면 상세한 출판 정보와 함께 MP3 자료 등 다양한 어학 정보를 얻으실 수 있습니다.

한국어능력시험
TOPIK I
읽기 Reading

머리말

전 세계적으로 K-컬처의 영향력이 커지면서 한국의 문화나 콘텐츠, 한국어에 대해 관심을 가지는 외국인이 지속적으로 증가하는 추세이다. 이에 따라 외국에서의 한국어 입지도 넓어져 외국 대학에서 한국어과를 개설하거나 한국어를 대입 시험과목으로 채택하는 국가가 많아지고 있다. 또한 한국 대학에서 공부하거나 한국 기업에 취업하고 싶어 하는 외국인의 수요도 늘어가고 있다.

한국어능력시험(TOPIK)은 한국어 사용 능력을 측정·평가할 수 있는 시험으로 한국에서 유학하거나 취업하고자 하는 외국인이라면 이 시험에 응시하여 각 요건을 충족시킬 수 있는 자격을 획득해야 한다. 한국어능력시험의 등급을 인정하는 기관이 많아지면서 응시자도 더욱 많아질 전망이다. 한국어능력시험의 응시자 수요가 많아짐에 따라 시험 시행 횟수가 늘어나고 있으며 시험을 실시하는 해외 지역도 확장되고 있다. 또한 인터넷 기반 시험(IBT)을 도입하여 더 많은 학습자가 시간과 장소의 제한 어려움 없이 응시할 수 있도록 편의를 제공하고 있다.

이에 따라 이 책은 한국어능력시험을 준비하는 학습자를 위해 기획되었다. 한국어능력시험을 준비하면서 가장 중요한 것은 시험 문제의 경향에 대한 파악과 다양한 문제 풀이를 통한 충분한 연습이다. 이 책에서는 학습자가 문제를 풀 때 어떤 점에 중점을 두고 문제를 이해해야 하는지 전략적으로 파악할 수 있도록 제시하였다. 또한 시험 경향에 맞춘 문제를 풀어봄으로써 문제 풀이 능력을 향상시킬 수 있도록 구성하였다.

이 책으로 한국어능력시험을 준비하는 학습자들이 필요한 자격을 얻을 수 있기를 바라며 한국 생활이나 업무 수행에 필요한 언어 기능을 정확하고 유창하게 수행하여 정치, 경제, 사회, 문화 전반에 걸쳐 자유롭게 이해하고 사용할 수 있기를 기대한다.

CHINESE VER.

JAPANESE VER.

VIETNAMESE VER.

Preface

As the influence of K-culture grows worldwide, the number of foreigners interested in Korean culture, content, and language continues to increase. Accordingly, the position of Korean language abroad is also expanding, with many foreign universities establishing Korean language departments or adopting Korean as a college entrance exam subject. Furthermore, the demand from foreigners who want to study at Korean universities or work for Korean companies is also increasing.

The Test of Proficiency in Korean (TOPIK) is an examination that measures and evaluates Korean language proficiency. Foreigners who wish to study or work in Korea must take this test and obtain the necessary qualifications to meet the requirements. With more institutions recognizing TOPIK scores, the number of test-takers is expected to increase further. In response to the growing demand, the number of test administrations has increased, and the overseas regions where the test is conducted have expanded. In addition, the Internet-Based Test (IBT) has been introduced to provide more learners with the convenience of taking the test without the limitations of time and place.

Therefore, this book was planned for learners preparing for the TOPIK. The most important thing when preparing for the TOPIK is to understand the trends of the test questions and to practice sufficiently through various problem-solving exercises. This book strategically presents how learners should focus on understanding the questions when solving them. It is also designed to improve problem-solving skills by practicing questions that match the exam trends.

We hope that learners preparing for the TOPIK with this book will be able to obtain the necessary qualifications. We also hope that they will be able to accurately and fluently perform the language functions necessary for life or work in Korea, and freely understand and use the Korean language in all aspects of politics, economy, society, and culture.

이 책의 특징

〈합격특강 한국어능력시험 TOPIK I 읽기〉는 TOPIK I 읽기 40문제를 3개 유형으로 분류하여 유형별로 학습할 수 있도록 하였다. 한 문제당 A문제, B문제로 실제 시험과 유사한 문제를 구성하여 총 80개의 지문을 학습할 수 있도록 하였다. 문제마다 〈전략〉을 제시해서 문제를 풀기 위해서 필요한 내용을 실었다. 본문의 내용은 영어로 번역해서 실었고 문제에서 다룬 어휘를 정리하여 영어·중국어·일본어·베트남어로 실었다.

세 가지 유형은 다음과 같이 구분할 수 있다. 유형①은 알맞은 표현을 찾는 문제이다. 문맥에 맞는 동사, 명사, 형용사, 부사, 조사, 접속사, 연결어미, 문형을 찾는 문제이다. 유형②는 지문의 전체 내용을 이해하는 문제이다. 주제나 중심 내용을 파악하는 문제이다. 유형③은 지문의 세부 내용을 이해하는 문제이다. 지문의 내용을 자세히 이해해야 하는 문제이다.

유형①에서는 각 문제와 관련된 표현을 〈추가 학습〉으로 정리해서 다양한 표현의 문장을 폭넓게 학습 할 수 있도록 하였다. 표현이 쓰인 예문을 제시하였는데 이 예문은 읽기 문제에 익숙해질 수 있도록 문제 유형과 유사한 문장으로 구성했다. 또한 연습 문제를 구성하여 배운 표현을 확인할 수 있도록 하였다. 유형②와 유형③에는 〈주요 표현〉을 구성해서 지문에 사용된 단어, 문형, 구 등의 의미를 배울 수 있고 표현마다 예문을 제시해서 확장 학습을 할 수 있도록 구성했다.

Features of this book

<Intensive Course for TOPIK Ⅰ Success: Reading> categorizes the 40 TOPIK Ⅰ reading questions into 3 types, allowing for type-specific learning. Each question consists of an A and B question, providing a total of 80 passages for learning. Each question includes a <Strategy> section, providing necessary information for problem-solving. The main text is translated into English, and vocabulary from the questions is provided in English, Chinese, Japanese, and Vietnamese.

The three types can be classified as follows. Type ① involves finding the appropriate expression. These questions ask you to find the correct verb, noun, adjective, adverb, particle, conjunction, connective ending, or sentence pattern that fits the context. Type ② involves understanding the overall content of the passage. These questions ask you to identify the topic or main idea. Type ③ involves understanding the detailed content of the passage. These questions require a detailed understanding of the passage.

In Type ①, expressions related to each question are organized as <Additional Learning> to facilitate extensive learning of various expressions and sentences. Example sentences using these expressions are provided, and these examples are structured as sentences similar to the question types to help learners become familiar with reading questions. Practice questions are also included to check understanding of the learned expressions. In Type ② and Type ③, <Key Expressions> sections are provided to help learners understand the meaning of words, sentence patterns, and phrases used in the passages. Example sentences are provided for each expression to facilitate extended learning.

이 책의 활용법 How to use this book

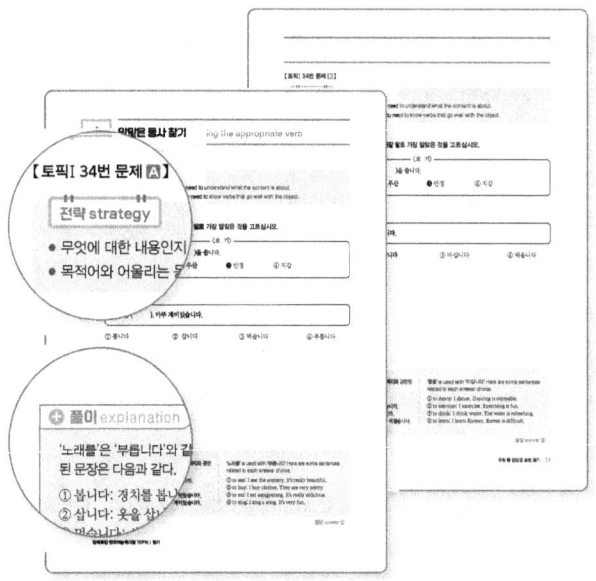

각 문제마다 문제 풀이 방법을 【전략】으로 제시했다. 【전략】을 참고하여 문제를 풀어보자.

Each question presents problem-solving methods in the 【Strategy】 section. Refer to the 【Strategy】 section to solve the problems.

실제 시험과 유사한 유형과 난이도로 문제를 구성하였고 문제의 핵심을 파악할 수 있도록 정답을 풀이하였다.

The questions are designed with similar types and difficulty levels as the actual exam. Explanations of the correct answers are provided to help grasp the core of the questions.

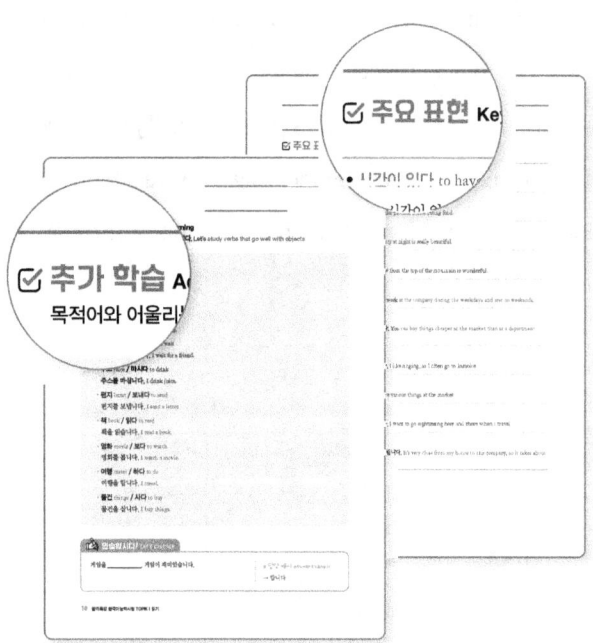

유형①에서는 각 문제와 관련된 표현을 〈추가 학습〉을 정리해서 다양한 표현의 문장을 폭넓게 학습할 수 있도록 하였다. 유형②와 유형③에서는 〈주요 표현〉을 구성해서 지문에 사용된 단어, 문형, 구 등의 의미를 배울 수 있도록 하였다.

In Type①, expressions related to each question are organized as <Additional Learning> to facilitate extensive learning of various expressions and sentences. In Type② and Type③, <Key Expressions> sections are provided to help learners understand the meaning of words, sentence patterns, and phrases used in the passages, and example sentences are provided for each expression to facilitate extended learning.

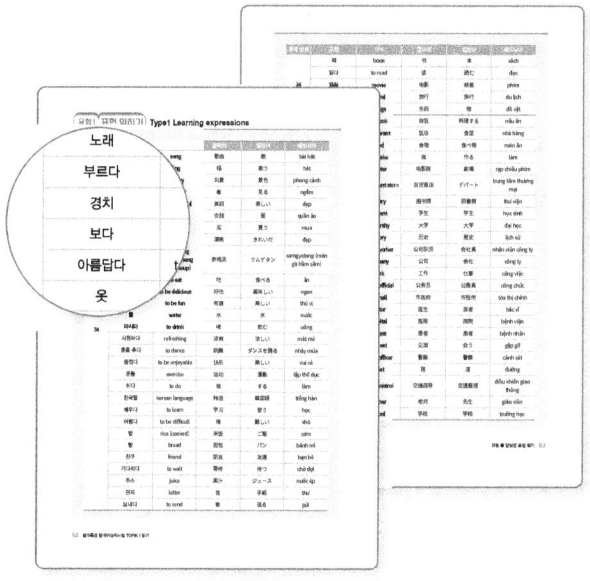

각 문제와 〈추가 학습〉에서 다룬 어휘 중 필수적으로 알아야 할 어휘를 선정하여 영어, 일본어, 중국어, 베트남어로 번역하여 정리하였다.

Essential vocabulary from each question and <Additional Learning> is selected and translated into English, Japanese, Chinese, and Vietnamese.

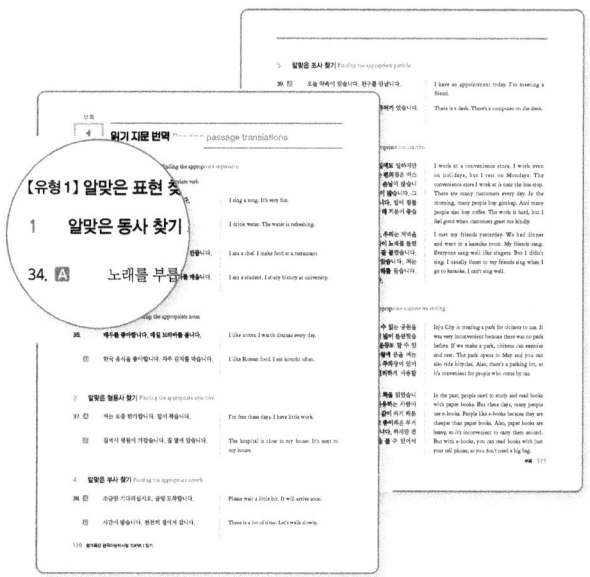

【부록】에는 학습한 문제의 지문을 모아 수록하였고, 문제에서 다룬 표현도 ㄱㄴㄷ 순으로 정리하여 4개 국어(영어·중국어·일본어·베트남어)와 함께 실었다. 또한 OMR 카드 사용법도 제시하여 시험 준비를 돕는다.

The 【Appendix】 includes a collection of passages from the studied questions, and the expressions covered previously are organized in alphabetical order and presented in four languages (English, Chinese, Japanese, and Vietnamese). Additionally, instructions on how to use the OMR card are provided to help with exam preparation.

TOPIK I 시험 안내

01 시험 목적
- 한국어를 모국어로 하지 않는 재외동포·외국인의 한국어 학습 방향 제시 및 한국어 보급 확대
- 한국어 사용 능력을 측정·평가하여 그 결과를 국내 대학 유학 및 취업 등에 활용

02 응시 대상
응시 자격 제한이 없으나 재외동포 및 한국어를 모국어로 사용하지 않는 외국인 한국어 학습자 및 국내 대학 유학 희망자, 국내외 한국 기업체 및 공공기관 취업 희망자, 외국 학교에 재학 중이거나 졸업한 재외국민

03 시험의 주요 활용처
- 외국인 및 재외동포의 국내 대학(원) 입학 및 졸업
- 정부 초청 외국인 장학생 프로그램 진학 및 학사관리
- 국내외 기업체 및 공공기관 취업
- 국외 대학의 한국어 관련 학과 학점 및 졸업요건
- 영주권/취업 등 체류비자 취득

04 토픽 I PBT 시험 수준 및 평가 등급

영역	시험시간	유형	문항수	배점	급수 구분 점수
듣기	100분	선택형 (4지선다형)	30문	100점	1급 80~139점
읽기			40문	100점	2급 140~200점

05 등급별 평가 기준

1급	자기 소개하기, 물건 사기, 음식 주문하기 등 생존에 필요한 기초적인 언어 기능을 수행할 수 있으며 자기 자신, 가족, 취미, 날씨 등 매우 사적이고 친숙한 화제에 관련된 내용을 이해하고 표현할 수 있다. 약 800개의 기초 어휘와 기본 문법에 대한 이해를 바탕으로 간단한 문장을 생성할 수 있다. 또한 간단한 생활문과 실용문을 이해하고, 구성할 수 있다.
2급	전화하기, 부탁하기 등의 일상생활에 필요한 기능과 우체국, 은행 등의 공공시설 이용에 필요한 기능을 수행할 수 있다. 약 1,500~2,000개의 어휘를 이용하여 사적이고 친숙한 화제에 관해 문단 단위로 이해하고 사용할 수 있다. 공식적 상황과 비공식적 상황에서의 언어를 구분해 사용할 수 있다.

TOPIK I Exam Information

01 Test Purpose
- To provide guidance on Korean language learning directions for overseas Koreans and foreigners whose native language is not Korean, and to expand the spread of the Korean language
- To measure and evaluate Korean language proficiency and utilize the results for studying abroad at domestic universities, employment, and other purposes

02 Target Test Takers
There are no restrictions on eligibility, but it is intended for overseas Koreans and foreign learners of Korean whose native language is not Korean, as well as those who wish to study at domestic universities, those who wish to work for Korean companies or public institutions at home and abroad, and overseas Koreans who are currently attending or have graduated from foreign schools

03 Main Uses of the Test
- Admission and graduation from domestic universities (graduate schools) for foreigners and overseas Koreans
- Admission and academic management of government-invited foreign scholarship programs
- Employment at domestic and foreign companies and public institutions
- Credits and graduation requirements for Korean language-related departments at overseas universities
- Obtaining permanent residency/work visas and other types of stay visas

04 TOPIK I PBT Test Level and Evaluation Grades

Category	Test Time	Type	Number of Questions	Points	Level
Listening	100 minutes	Multiple Choice (4 options)	30	100	Level 1 80~139
Reading			40	100	Level 2 140~200

05 Evaluation Criteria by Grade

Level 1	Can perform basic language functions necessary for survival, such as introducing oneself, buying things, and ordering food. Can understand and express content related to very personal and familiar topics such as oneself, family, hobbies, and weather. Can create simple sentences based on understanding of approximately 800 basic vocabulary words and basic grammar. And can understand and compose simple daily life texts and practical texts.
Level 2	Can perform functions necessary for daily life such as making phone calls and asking for favors, as well as functions necessary for using public facilities such as post offices and banks. Can understand and use paragraphs about personal and familiar topics using approximately 1,500 to 2,000 vocabulary words. Can distinguish between formal and informal language use in different situations.

목차 Contents

- **머리말** Preface · 04
- **이 책의 특징** Features of this book · 06
- **이 책의 활용법** How to use this book · 08
- **TOPIK I 시험 안내** TOPIK I Exam Information · 10

유형1 알맞은 표현 찾기 Finding the Appropriate Expression

1 알맞은 동사 찾기 · 16
  Finding the appropriate verb

2 알맞은 명사 찾기 · 22
  Finding the appropriate noun

3 알맞은 형용사 찾기 · 25
  Finding the appropriate adjective

4 알맞은 부사 찾기 · 29
  Finding the appropriate adverb

5 알맞은 조사 찾기 · 33
  Finding the appropriate particle

6 알맞은 접속사 찾기 · 36
  Finding the appropriate conjunction

7 알맞은 연결어미 찾기 · 40
  Finding the appropriate connective ending

8 알맞은 문형 찾기 · 44
  Finding the appropriate sentence pattern

- **유형1 | 표현 익히기** · 52
  Type1 | Learning expressions

유형2 전체 내용 이해하기 Understanding the overall content

1 주제 찾기 ··· • 64
　　Finding the topic

2 중심 내용 찾기 ··· • 73
　　Finding the main idea

• 유형2 | 표현 익히기 ·· • 88
　　Type2 | Learning expressions

유형3 세부 내용 이해하기 Understanding specific details

1 광고의 내용 이해하기 ·· • 92
　　Understanding the content of advertisements

2 문자메시지의 내용 이해하기 ··· • 98
　　Understanding the content of text messages

3 글의 내용 이해하기 ·· • 101
　　Understanding the content of texts

4 문맥에 맞는 내용 찾기 ·· • 138
　　Finding content that fits the context

5 글의 순서 파악하기 ·· • 154
　　Understanding the order of the text

• 유형3 | 표현 익히기 ·· • 160
　　Type3 | Learning expressions

부록 Appendix

읽기 지문 번역 ··· • 170
Reading passage translations

표현 색인 ·· • 185
Expression index

OMR 답안지 작성법 ·· • 200
How to fill out the OMR answer sheet

유형 1

알맞은 표현 찾기
Finding the appropriate expression

1 알맞은 동사 찾기 Finding the appropriate verb
　토픽 I 읽기 34, 36번 문제

2 알맞은 명사 찾기 Finding the appropriate noun
　토픽 I 읽기 35번 문제

3 알맞은 형용사 찾기 Finding the appropriate adjective
　토픽 I 읽기 37번 문제

4 알맞은 부사 찾기 Finding the appropriate adverb
　토픽 I 읽기 38번 문제

5 알맞은 조사 찾기 Finding the appropriate particle
　토픽 I 읽기 39번 문제

6 알맞은 접속사 찾기 Finding the appropriate conjunction
　토픽 I 읽기 49번 문제

7 알맞은 연결어미 찾기 Finding the appropriate connective ending
　토픽 I 읽기 51번 문제

8 알맞은 문형 찾기 Finding the appropriate sentence pattern
　토픽 I 읽기 53, 65번 문제

유형1 표현 익히기 Type 1 Learning expressions

 알맞은 동사 찾기 Finding the appropriate verb

【토픽I 34번 문제 A】

전략 strategy

- 무엇에 대한 내용인지 이해해야 한다. You need to understand what the content is about.
- 목적어와 어울리는 동사를 알아야 한다. You need to know verbs that go well with the object.

※ [34~39] 〈보기〉와 같이 ( )에 들어갈 말로 가장 알맞은 것을 고르십시오.

〈 보 기 〉

눈이 나쁩니다. ( )을 씁니다.

① 신발　　　② 우산　　　❸ 안경　　　④ 지갑

34. (2점)

노래를 ( ). 아주 재미있습니다.

① 봅니다　　　② 삽니다　　　③ 먹습니다　　　④ 부릅니다

풀이 explanation

'노래를'은 '부릅니다'와 같이 사용한다. 각 선택지와 관련된 문장은 다음과 같다.

① 봅니다: 경치를 봅니다. 정말 아름답습니다.
② 삽니다: 옷을 삽니다. 아주 예쁩니다.
③ 먹습니다: 삼계탕을 먹습니다. 정말 맛있습니다.
④ 부릅니다: 노래를 부릅니다. 아주 재미있습니다.

'노래를' is used with '부릅니다'. Here are some sentences related to each answer choice.

① to see: I see the scenery. It's really beautiful.
② to buy: I buy clothes. They are very pretty.
③ to eat: I eat samgyetang. It's really delicious.
④ to sing: I sing a song. It's very fun.

정답 answer ④

【토픽I 34번 문제 B 】

전략 strategy
- 무엇에 대한 내용인지 이해해야 한다. You need to understand what the content is about.
- 목적어와 어울리는 동사를 알아야 한다. You need to know verbs that go well with the object.

※ [34~39] 〈보기〉와 같이 ( )에 들어갈 말로 가장 알맞은 것을 고르십시오.

〈 보 기 〉

눈이 나쁩니다. (　　)을 씁니다.

① 신발　　　② 우산　　　❸ 안경　　　④ 지갑

34. (2점)

물을 (　　). 물이 시원합니다.

① 춥니다　　　② 합니다　　　③ 마십니다　　　④ 배웁니다

풀이 explanation

'물을'은 '마십니다'와 같이 사용한다. 각 선택지와 관련된 문장은 다음과 같다.

① 춥니다: 춤을 춥니다. 춤이 즐겁습니다.
② 합니다: 운동을 합니다. 운동이 재미있습니다.
③ 마십니다: 물을 마십니다. 물이 시원합니다.
④ 배웁니다: 한국말을 배웁니다. 한국말이 어렵습니다.

'물을' is used with '마십니다'. Here are some sentences related to each answer choice.

① to dance: I dance. Dancing is enjoyable.
② to exercise: I exercise. Exercising is fun.
③ to drink: I drink water. The water is refreshing.
④ to learn: I learn Korean. Korean is difficult.

정답 answer ③

☑ 추가 학습 Additional Learning

목적어와 어울리는 동사를 공부합시다. Let's study verbs that go well with objects.

- **밥** rice / **먹다** to eat
  밥을 먹습니다. I eat rice.

- **빵** bread / **만들다** to make
  빵을 만듭니다. I make bread.

- **노래** song / **부르다** to sing
  노래를 부릅니다. I sing a song.

- **친구** friend / **기다리다** to wait
  친구를 기다립니다. I wait for a friend.

- **주스** juice / **마시다** to drink
  주스를 마십니다. I drink juice.

- **편지** letter / **보내다** to send
  편지를 보냅니다. I send a letter.

- **책** book / **읽다** to read
  책을 읽습니다. I read a book.

- **영화** movie / **보다** to watch
  영화를 봅니다. I watch a movie.

- **여행** travel / **하다** to do
  여행을 합니다. I travel.

- **물건** things / **사다** to buy
  물건을 삽니다. I buy things.

연습합시다! Let's practice

게임을 _____. 게임이 재미있습니다.

★답안 예시 answer example
→ 합니다

 알맞은 동사 찾기 Finding the appropriate verb

【토픽Ⅰ 36번 문제 Ⓐ】

> **전략 strategy**
> - 무엇에 대한 내용인지 이해해야 한다. You need to understand what the content is about.
> - 목적어와 어울리는 동사를 알아야 한다. You need to know verbs that go well with the object.

※ [34~39] 〈보기〉와 같이 (   )에 들어갈 말로 가장 알맞은 것을 고르십시오.

───────────── 〈보 기〉 ─────────────
눈이 나쁩니다. (   )을 씁니다.
① 신발   ② 우산   ❸ 안경   ④ 지갑

36. (2점)

저는 요리사입니다. 식당에서 음식을 (   ).

① 봅니다   ② 삽니다   ③ 만듭니다   ④ 읽습니다

> **풀이 explanation**
>
> '요리사'와 관계있는 것은 '음식을 만듭니다'이다. 각 선택지와 관련된 문장은 다음과 같다.
>
> ① 봅니다: 극장에서 영화를 봅니다.
> ② 삽니다: 백화점에서 물건을 삽니다.
> ③ 만듭니다: 식당에서 음식을 만듭니다.
> ④ 읽습니다: 도서관에서 책을 읽습니다.
>
> The thing related to '요리사' is '음식을 만듭니다'. Here are some sentences related to each answer choice.
>
> ① to watch: I watch a movie at the theater.
> ② to buy: I buy things at the department store.
> ③ to make: I make food at a restaurant.
> ④ to read: I read books at the library.

정답 answer ③

【토픽I 36번 문제 B】

전략 strategy
- 무엇에 대한 내용인지 이해해야 한다. You need to understand what the content is about.
- 목적어와 어울리는 동사를 알아야 한다. You need to know verbs that go well with the object.

※ [34~39] 〈보기〉와 같이 (   )에 들어갈 말로 가장 알맞은 것을 고르십시오.

―〈보 기〉―

눈이 나쁩니다. (   )을 씁니다.

① 신발　　　② 우산　　　❸ 안경　　　④ 지갑

36. (2점)

저는 학생입니다. 대학교에서 역사를 (   ).

① 탑니다　　② 합니다　　③ 마십니다　　④ 배웁니다

풀이 explanation

'학생'과 관계있는 것은 '배웁니다'이다. 각 선택지와 관련된 문장은 다음과 같다.

① 탑니다: 버스정류장에서 버스를 탑니다.
② 합니다: 회사에서 일을 합니다.
③ 마십니다: 카페에서 커피를 마십니다.
④ 배웁니다: 대학교에서 역사를 배웁니다.

The thing related to '학생' is '배웁니다'. Here are some sentences related to each answer choice.

① to ride: I ride a bus at the bus stop.
② to do: I do work at a company.
③ to drink: I drink coffee at a cafe.
④ to learn: I learn history at university.

정답 answer ④

☑ 추가 학습 Additional Learning
직업과 관계있는 동사를 공부합시다. Let's study verbs related to occupations.

- **회사원** office worker: 회사에서 일을 합니다. I work at a company.
- **공무원** public official: 시청에서 일을 합니다. I work at the city hall.
- **의사** doctor: 병원에서 환자를 만납니다. I meet patients at the hospital.
- **요리사** chef: 식당에서 음식을 만듭니다. I make food at a restaurant.
- **경찰** police officer: 길에서 교통정리를 합니다. I direct traffic on the street.
- **선생님** teacher: 학교에서 학생을 가르칩니다. I teach students at school.
- **학생** student: 도서관에서 공부를 합니다. I study at the library.
- **가수** singer: 극장에서 노래를 부릅니다. I sing at the theater.
- **운동선수** athlete: 체육관에서 연습을 합니다. I practice at the gym.
- **은행원** bank teller: 은행에서 손님을 도와줍니다. I help customers at the bank.

연습합시다! Let's practice

저는 옷가게 사장입니다. 시장에서 옷을 _____.

★답안 예시 answer example
→ 팝니다

2 알맞은 명사 찾기 Finding the appropriate noun

【토픽I 35번 문제 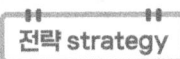】

> **전략 strategy**
> - 무엇에 대한 내용인지 이해해야 한다. You need to understand what the content is about.
> - 동사와 어울리는 명사를 알아야 한다. You need to know nouns that go well with verbs.

※ [34~39] 〈보기〉와 같이 (   )에 들어갈 말로 가장 알맞은 것을 고르십시오.

〈보 기〉

눈이 나쁩니다. (   )을 씁니다.

① 신발　　　② 우산　　　❸ 안경　　　④ 지갑

35. (2점)

배우를 좋아합니다. 매일 (   )를 봅니다.

① 축구　　　② 노래　　　③ 사과　　　④ 드라마

> **풀이 explanation**
>
> '배우'와 관계있는 것은 '드라마'이다. 각 선택지와 관련된 문장은 다음과 같다.
>
> ① 축구: 운동을 좋아합니다. 매일 축구를 합니다.
> ② 노래: 가수를 좋아합니다. 매일 노래를 부릅니다.
> ③ 사과: 과일을 좋아합니다. 매일 사과를 먹습니다.
> ④ 드라마: 배우를 좋아합니다. 매일 드라마를 봅니다.
>
> The thing related to '배우' is '드라마'. Here are some sentences related to each answer choice.
>
> ① soccer: I like sports. I play soccer every day.
> ② song: I like singers. I sing every day.
> ③ apple: I like fruits. I eat apples every day.
> ④ drama: I like actors. I watch dramas every day.

정답 answer ④

【토픽Ⅰ 35번 문제 B】

> 전략 strategy
>
> - 무엇에 대한 내용인지 이해해야 한다. You need to understand what the content is about.
> - 동사와 어울리는 명사를 알아야 한다. You need to know nouns that go well with verbs.

※ [34~39] 〈보기〉와 같이 ( )에 들어갈 말로 가장 알맞은 것을 고르십시오.

〈보 기〉

눈이 나쁩니다. ( )을 씁니다.

① 신발　　　② 우산　　　❸ 안경　　　④ 지갑

35. (2점)

한국 음식을 좋아합니다. 자주 ( )를 먹습니다.

① 딸기　　　② 김치　　　③ 주스　　　④ 만화

> 풀이 explanation
>
> '한국 음식'과 관계있는 것은 '김치'이다. 각 선택지와 관련된 문장은 다음과 같다.
>
> ① 딸기: 과일을 좋아합니다. 자주 딸기를 먹습니다.
> ② 김치: 한국 음식을 좋아합니다. 자주 김치를 먹습니다.
> ③ 주스: 음료수를 좋아합니다. 자주 주스를 마십니다.
> ④ 만화: 책을 좋아합니다. 자주 만화를 봅니다.
>
> The thing related to '한국 음식' is '김치'. Here are some sentences related to each answer choice.
>
> ① strawberry: I like fruits. I eat strawberries often.
> ② kimchi: I like Korean food. I eat kimchi often.
> ③ juice: I like drinks. I drink juice often.
> ④ comic book: I like books. I read comic books often.

정답 answer ②

☑ 추가 학습 Additional Learning

서술어와 어울리는 명사를 공부합시다. Let's study nouns that go well with predicates.

- **배우** actor / **영화** movie / **보다** to watch
  배우를 좋아합니다. 영화를 봅니다. I like actors. I watch movies.

- **과일** fruit / **포도** grape / **먹다** to eat
  과일을 좋아합니다. 포도를 먹습니다. I like fruits. I eat grapes.

- **꽃** flower / **장미** rose / **사다** to buy
  꽃을 좋아합니다. 장미를 삽니다. I like flowers. I buy roses.

- **운동** exercise / **야구** baseball / **하다** to do
  운동을 좋아합니다. 야구를 합니다. I like exercise. I play baseball.

- **요리** cooking / **김밥** gimbap / **만들다** to make
  요리를 좋아합니다. 김밥을 만듭니다. I like cooking. I make gimbap.

- **책** book / **만화** comic book / **읽다** to read
  책을 좋아합니다. 만화를 읽습니다. I like books. I read comic books.

- **운동** exercise / **태권도** taekwondo / **배우다** to learn
  운동을 좋아합니다. 태권도를 배웁니다. I like exercise. I learn taekwondo.

- **음식** food / **떡볶이** tteokbokki / **먹다** to eat
  음식을 좋아합니다. 떡볶이를 먹습니다. I like food. I eat tteokbokki.

- **악기** musical instrument / **피아노** piano / **치다** to play
  악기를 좋아합니다. 피아노를 칩니다. I like musical instruments. I play the piano.

- **음악** music / **노래** song / **듣다** to listen
  음악을 좋아합니다. 노래를 듣습니다. I like music. I listen to songs.

연습합시다! Let's practice

겨울을 좋아합니다. 겨울에 _____ 를 탑니다.

★답안 예시 answer example
→ 스키

3 알맞은 형용사 찾기 Finding the appropriate adjective

【토픽I 37번 문제 A】

전략 strategy

- 무엇에 대한 내용인지 이해해야 한다. You need to understand what the content is about.
- 내용에 어울리는 형용사를 알아야 한다. You need to know adjectives that fit the context.

※ [34~39] 〈보기〉와 같이 (   )에 들어갈 말로 가장 알맞은 것을 고르십시오.

───〈보 기〉───

눈이 나쁩니다. (   )을 씁니다.

① 신발　　② 우산　　❸ 안경　　④ 지갑

37. (3점)

저는 요즘 (   ). 일이 적습니다.

① 힘듭니다　　② 바쁩니다　　③ 한가합니다　　④ 외롭습니다

➕ 풀이 explanation

'일이 적습니다'와 관계있는 것은 '한가합니다'이다. 각 선택지와 관련된 문장은 다음과 같다.

① 힘듭니다: 저는 요즘 힘듭니다. 수업이 많습니다.
② 바쁩니다: 저는 요즘 바쁩니다. 일이 많습니다.
③ 한가합니다: 저는 요즘 한가합니다. 일이 적습니다.
④ 외롭습니다: 저는 요즘 외롭습니다. 친구가 없습니다.

The phrase '일이 적습니다' is related to the concept of '한가합니다'. Here are some sentences related to each answer choice.

① to be tired: I'm tired these days. I have a lot of classes.
② to be busy: I'm busy these days. I have a lot of work.
③ to be free: I'm free these days. I have little work.
④ to be lonely: I'm lonely these days. I have no friends.

정답 answer ③

【토픽I 37번 문제 B】

전략 strategy
- 무엇에 대한 내용인지 이해해야 한다. You need to understand what the content is about.
- 내용에 어울리는 형용사를 알아야 한다. You need to know adjectives that fit the context.

※ [34~39] 〈보기〉와 같이 ( )에 들어갈 말로 가장 알맞은 것을 고르십시오.

〈보 기〉

눈이 나쁩니다. ( )을 씁니다.

① 신발   ② 우산   ❸ 안경   ④ 지갑

37. (3점)

집에서 병원이 ( ). 집 옆에 있습니다.

① 멉니다   ② 가깝습니다   ③ 친절합니다   ④ 시원합니다

풀이 explanation

'집 옆에 있습니다'와 관계있는 것은 '가깝습니다'이다. 각 선택지와 관련된 문장은 다음과 같다.
① 멉니다: 학교가 멉니다. 저는 힘듭니다.
② 가깝습니다: 집에서 병원이 가깝습니다. 집 옆에 있습니다.
③ 친절합니다: 동생이 친절합니다. 친구가 많습니다.
④ 시원합니다: 바람이 시원합니다. 기분이 좋습니다.

The thing related to '집 옆에 있습니다' is '가깝습니다'. Here are some sentences related to each answer choice.
① to be far: The school is far. I'm tired.
② to be close: The hospital is close to my house. It's next to my house.
③ to be kind: My younger sibling is kind. He has many friends.
④ to be cool: The wind is cool. I feel good.

정답 answer ②

☑ 추가 학습 Additional Learning

내용과 관계있는 형용사를 공부합시다. Let's study adjectives related to the content.

- **지루하다** to be boring
  수업이 지루합니다. 공부가 재미없습니다. The class is boring. Studying is not fun.

- **무겁다** to be heavy
  가방이 무겁습니다. 책이 많습니다. The bag is heavy. There are many books.

- **재미있다** to be interesting
  공연이 재미있습니다. 손님이 많습니다. The performance is interesting. There are many guests.

- **착하다** to be kind
  동생이 착합니다. 마음이 따뜻합니다. My younger sibling is kind. His heart is warm.

- **편리하다** to be convenient
  편의점이 편리합니다. 물건이 많습니다. The convenience store is convenient. There are many items.

- **복잡하다** to be crowded
  교통이 복잡합니다. 차가 많습니다. The traffic is crowded. There are many cars.

- **즐겁다** to be fun
  한국 생활이 즐겁습니다. 친구가 많습니다. Life in Korea is fun. I have many friends.

- **아름답다** to be beautiful
  경치가 아름답습니다. 바다가 있습니다. The scenery is beautiful. There's an ocean.

- **어렵다** to be difficult
  등산이 어렵습니다. 산에 바위가 많습니다. Hiking is difficult. There are many rocks on the mountain.

- **심심하다** to be bored
  저는 심심합니다. 친구가 없습니다. I'm bored. I have no friends.

 **연습합시다!** Let's practice

영화가 _____. 인기가 많습니다.

★답안 예시 answer example
→ 재미있습니다

 알맞은 부사 찾기 Finding the appropriate adverb

【토픽I 38번 문제 A】

> **전략 strategy**
> - 무엇에 대한 내용인지 이해해야 한다. You need to understand what the content is about.
> - 내용에 어울리는 부사를 알아야 한다. You need to know adverbs that fit the context.

※ [34~39] 〈보기〉와 같이 (   )에 들어갈 말로 가장 알맞은 것을 고르십시오.

―――――〈보 기〉―――――
눈이 나쁩니다. (   )을 씁니다.
① 신발   ② 우산   ❸ 안경   ④ 지갑

38. (3점)

조금만 기다리십시오. (   ) 도착합니다.

① 금방   ② 매우   ③ 아까   ④ 잠깐

> **풀이 explanation**
>
> '조금만 기다리십시오'와 관계있는 것은 '금방'이다. 각 선택지와 관련된 문장은 다음과 같다.
> ① 금방: 조금만 기다리십시오. 금방 도착합니다.
> ② 매우: 저는 버스를 자주 탑니다. 버스가 매우 편리합니다.
> ③ 아까: 학교에 학생이 없습니다. 아까 수업이 끝났습니다.
> ④ 잠깐: 지금 손님이 많습니다. 잠깐 기다리십시오.
>
> The thing related to '조금만 기다리십시오' is '금방'. Here are some sentences related to each answer choice.
> ① soon: Please wait a little bit. It will arrive soon.
> ② very: I often take the bus. The bus is very convenient.
> ③ a while ago: There are no students at school. Class ended a while ago.
> ④ for a moment: There are many customers now. Please wait a moment.
>
> 정답 answer ①

【토픽 I 38번 문제 B】

전략 strategy

- 무엇에 대한 내용인지 이해해야 한다. You need to understand what the content is about.
- 내용에 어울리는 부사를 알아야 한다. You need to know adverbs that fit the context.

※ [34~39] 〈보기〉와 같이 (   )에 들어갈 말로 가장 알맞은 것을 고르십시오.

―――――――――― 〈보 기〉 ――――――――――

눈이 나쁩니다. (   )을 씁니다.

① 신발　　② 우산　　❸ 안경　　④ 지갑

38. (3점)

시간이 많습니다. (   ) 걸어서 갑니다.

① 똑바로　　② 정말로　　③ 천천히　　④ 열심히

풀이 explanation

'시간이 많습니다'와 관계있는 것은 '천천히'이다. 각 선택지와 관련된 문장은 다음과 같다.

① 똑바로: 똑바로 가십시오. 왼쪽에 약국이 있습니다.
② 정말로: 저는 과일을 좋아합니다. 과일이 정말로 맛있습니다.
③ 천천히: 시간이 많습니다. 천천히 걸어서 갑니다.
④ 열심히: 한국말을 잘하고 싶습니다. 열심히 공부합니다.

The thing related to '시간이 많습니다' is '천천히'. Here are some sentences related to each answer choice.

① straight: Go straight. The pharmacy is on the left.
② really: I like fruit. Fruit is really delicious.
③ slowly: There's a lot of time. Let's walk slowly.
④ diligently: I want to speak Korean well. I study diligently.

정답 answer ③

☑ 추가 학습 Additional Learning

내용과 관계있는 부사를 공부합시다. Let's study adverbs related to the content.

- **가끔** sometimes

  보통 지하철을 탑니다. 가끔 버스를 탑니다. I usually take the subway. Sometimes I take the bus.

- **같이** together

  저는 가족과 같이 살지 않습니다. 혼자 삽니다. I don't live with my family. I live alone.

- **꼭** definitely

  약속을 합니다. 약속을 꼭 지켜야 합니다. I make a promise. I must definitely keep my promise.

- **일찍** early / **늦게** late

  날마다 일찍 일어납니다. 하지만 오늘은 늦게 일어났습니다. I wake up early every day. But today I woke up late.

- **먼저** first

  먼저 숙제를 합니다. 그리고 텔레비전을 봅니다. I do my homework first. And then I watch TV.

- **빨리** quickly

  시간이 없습니다. 빨리 가야 합니다. I don't have time. I have to go quickly.

- **아직** yet

  아직 점심을 못 먹었습니다. 배가 고픕니다. I haven't eaten lunch yet. I'm hungry.

- **자주** often

  저는 비빔밥을 좋아합니다. 그래서 비빔밥을 자주 먹습니다. I like bibimbap. So I eat bibimbap often.

- **열심히** diligently

  내일 시험이 있습니다. 그래서 오늘 열심히 공부합니다. I have an exam tomorrow. So I'm studying diligently today.

- **처음** for the first time

  저는 김민수 씨를 모릅니다. 내일 처음 만납니다. I don't know Mr. Kim Minsu. I'm meeting him for the first time tomorrow.

연습합시다! Let's practice

친구가 _____ 인사를 합니다. 저도 인사를 합니다.

★ 답안 예시 answer example
→ 먼저

5 알맞은 조사 찾기 Finding the appropriate particle

【 토픽I 39번 문제 A 】

전략 strategy

- 무엇에 대한 내용인지 이해해야 한다. You need to understand what the content is about.
- 내용에 어울리는 조사를 알아야 한다. You need to know the appropriate particle that fits the context.

※ [34~39] 〈보기〉와 같이 (   )에 들어갈 말로 가장 알맞은 것을 고르십시오.

―― 〈보 기〉 ――

눈이 나쁩니다. (   )을 씁니다.

① 신발　　② 우산　　❸ 안경　　④ 지갑

39. (2점)

오늘 약속이 있습니다. 친구(   ) 만납니다.

① 를　　② 도　　③ 부터　　④ 에게

➕ 풀이 explanation

'만납니다'와 관계있는 것은 '을/를'이다. 각 선택지와 관련된 문장은 다음과 같다.

① 를: 오늘 약속이 있습니다. 친구를 만납니다.
② 도: 저는 형이 있습니다. 동생도 있습니다.
③ 부터: 저는 매일 학교에 갑니다. 월요일부터 금요일까지 공부합니다.
④ 에게: 친구 생일입니다. 친구에게 선물을 줍니다.

The thing related to '만납니다' is '을/를'. Here are some sentences related to each answer choice.

① 를: I have an appointment today. I'm meeting a friend.
② 도: I have an older brother. I also have a younger sibling.
③ 부터: I go to school every day. I study from Monday to Friday.
④ 에게: It's my friend's birthday. I give a present to my friend.

정답 answer ①

【토픽I 39번 문제 B】

- 무엇에 대한 내용인지 이해해야 한다. You need to understand what the content is about.
- 내용에 어울리는 조사를 알아야 한다. You need to know the appropriate particle that fits the context.

※ [34~39] 〈보기〉와 같이 (   )에 들어갈 말로 가장 알맞은 것을 고르십시오.

〈보 기〉

눈이 나쁩니다. (   )을 씁니다.

① 신발　　② 우산　　❸ 안경　　④ 지갑

39. (2점)

책상이 있습니다. 책상 위(   ) 컴퓨터가 있습니다.

① 가　　② 에　　③ 에서　　④ 보다

➕ 풀이 explanation

'책상 위'와 관계있는 것은 '에'이다. 각 선택지와 관련된 문장은 다음과 같다.
① 가: 한국 드라마가 재미있습니다. 한국 영화도 재미있습니다.
② 에: 책상이 있습니다. 책상 위에 컴퓨터가 있습니다.
③ 에서: 도서관에 갑니다. 도서관에서 책을 읽습니다.
④ 보다: 여름은 덥습니다. 저는 여름보다 겨울을 좋아합니다.

The thing related to '책상 위' is '에'. Here are some sentences related to each answer choice.
① 가: Korean dramas are interesting. Korean movies are also interesting.
② 에: There is a desk. There is a computer on the desk.
③ 에서: I go to the library. I read books at the library.
④ 보다: Summer is hot. I like winter more than summer.

정답 answer ②

☑ 추가 학습 Additional Learning

내용과 관계있는 조사를 공부합시다. Let's study particles related to the content.

- 이/가
생일 파티가 있습니다. 친구들이 옵니다. There is a birthday party. Friends are coming.

- 을/를
저는 과일을 좋아합니다. 사과를 제일 좋아합니다. I like fruit. I like apples the most.

- 도
저는 한국말을 배웁니다. 영어도 배웁니다. I learn Korean. I also learn English.

- 으로/로
저는 젓가락으로 음식을 먹습니다. 친구는 포크로 먹습니다. I eat food with chopsticks. My friend eats with a fork.

- 에₁
저는 일찍 일어납니다. 7시에 일어납니다. I wake up early. I wake up at 7 o'clock.

- 에₂
저는 매일 카페에 갑니다. 카페에서 공부를 합니다. I go to the cafe every day. I study at the cafe.

- 에게
저는 친구에게 이메일을 보냅니다. 친구가 저에게 문자메시지를 보냅니다.
I send an email to my friend. My friend sends me a text message.

- 에게서
제 생일입니다. 친구에게서 선물을 받습니다. It's my birthday. I receive a gift from my friend.

- 에서₁
제 친구는 중국에서 왔습니다. 중국 사람입니다. My friend is from China. She is Chinese.

- 에서₂
저는 은행에서 일합니다. 은행원입니다. I work at a bank. I am a bank teller.

연습합시다! Let's practice

월요일부터 금요일까지 수업이 있습니다. 토요일과 일요일_____ 수업이 없습니다.

★답안 예시 answer example
→ 에

6 알맞은 접속사 찾기 Finding the appropriate conjunction

【토픽 I 49번 문제 A】

전략 strategy

- 무엇에 대한 내용인지 이해해야 한다. You need to understand what the content is about.
- 내용에 어울리는 접속사를 알아야 한다. You need to know the appropriate conjunction that fits the context.

※ [49~50] 다음을 읽고 물음에 답하십시오. (각 2점)

> 저는 편의점에서 일합니다. 휴일에도 일하지만 월요일에는 쉽니다. 제가 일하는 편의점은 버스 정류장 근처에 있습니다. 매일 손님이 많습니다. 아침에는 김밥을 사는 사람이 많습니다. (㉠) 커피를 사는 사람도 많습니다. 일이 힘들지만 손님들이 친절하게 인사할 때 기분이 좋습니다.

49. ㉠에 들어갈 말로 가장 알맞은 것을 고르십시오.

① 그래서　　　　② 그리고　　　　③ 하지만　　　　④ 그러면

풀이 explanation

앞에 있는 문장에 내용을 더하는 의미를 나타내는 '그리고'를 사용한다. 각 선택지와 관련된 문장은 다음과 같다.
① 그래서: 아침에 늦게 일어났습니다. 그래서 학교에 지각했습니다.
② 그리고: 저는 자동차 회사에서 일합니다. 그리고 동생은 은행에서 일합니다.
③ 하지만: 저는 영화를 좋아합니다. 하지만 요즘 바빠서 영화를 볼 수 없습니다.
④ 그러면: 기분이 나쁠 때 음악을 듣습니다. 그러면 기분이 좋아집니다.

'그리고' is used to add to the meaning of the preceding sentence. Here are some sentences related to each answer choice.
① 그래서: I woke up late in the morning. So I was late for school.
② 그리고: I work at a car company. And my younger sibling works at a bank.
③ 하지만: I like movies. But I'm busy these days, so I can't watch movies.
④ 그러면: When I feel bad, I listen to music. Then I feel better.

정답 answer ②

【토픽I 49번 문제 B】

- 무엇에 대한 내용인지 이해해야 한다. You need to understand what the content is about.
- 내용에 어울리는 접속사를 알아야 한다. You need to know the appropriate conjunction that fits the context.

※ [49~50] 다음을 읽고 물음에 답하십시오. (각 2점)

> 저는 어제 친구들을 만났습니다. 우리는 저녁을 먹고 노래방에 갔습니다. 친구들이 노래를 불렀습니다. 모두 가수처럼 노래를 잘 불렀습니다. (㉠) 저는 노래를 부르지 않았습니다. 저는 노래방에 가면 보통 친구들 노래를 듣습니다. 저는 노래를 잘 부르지 못합니다.

49. ㉠에 들어갈 말로 가장 알맞은 것을 고르십시오.

① 그러면　　　② 그리고　　　③ 하지만　　　④ 그래서

풀이 explanation

앞에 있는 문장과 반대가 되는 의미를 나타내는 '하지만'을 사용한다. 각 선택지와 관련된 문장은 다음과 같다.
① 그러면: 매일 운동하세요. 그러면 건강이 좋아집니다.
② 그리고: 저는 아침에 빵을 먹습니다. 그리고 우유를 마십니다.
③ 하지만: 동생은 고기를 아주 좋아합니다. 하지만 저는 채소를 좋아합니다.
④ 그래서: 저는 요즘 일이 많습니다. 그래서 힘들고 피곤합니다.

'하지만' is used to indicate the opposite meaning of the preceding sentence. Here are some sentences related to each answer choice.
① 그러면: Exercise every day. Then you will be healthy.
② 그리고: I eat bread in the morning. And I drink milk.
③ 하지만: My younger sibling really likes meat. But I like vegetables.
④ 그래서: I have a lot of work these days. So I'm tired and exhausted.

정답 answer ③

☑ 추가 학습 Additional Learning
내용과 관계있는 접속사를 공부합시다. Let's study conjunctions related to the content.

- **그러면** then

  저는 화가 날 때 음악을 듣습니다. 그러면 기분이 좋아집니다.

  I listen to music when I'm angry. Then I feel better.

- **하지만** but

  선생님께서 저에게 질문하셨습니다. 하지만 저는 대답하지 못했습니다.

  The teacher asked me a question. But I couldn't answer.

- **그래서** so

  날씨가 너무 춥습니다. 그래서 나가지 않고 집에 있습니다.

  The weather is too cold. So I'm staying home instead of going out.

- **그리고** and

  동생은 운동을 잘합니다. 그리고 노래도 잘 부릅니다.

  My younger sibling is good at sports. And they also sing well.

- **그런데** but

  친구는 요리사입니다. 그런데 친구는 집에서 요리하지 않습니다.

  My friend is a chef. But my friend doesn't cook at home.

- **그러나** however

  친구는 게임을 좋아합니다. 그러나 운동은 좋아하지 않습니다.

  My friends like games. However, they don't like exercise.

- **그렇지만** however

  저는 여행을 좋아합니다. 그렇지만 자주 가지 못합니다.

  I like traveling. However, I can't go often.

- **그러니까** so

  버스보다 지하철이 빠릅니다. 그러니까 지하철을 타십시오.

  The subway is faster than the bus. So please take the subway.

 **연습합시다!** Let's practice

제 동생은 아주 친절하고 착합니다. _____ 친구가 많습니다.

★ 답안 예시 answer example
→ 그래서

7 알맞은 연결어미 찾기 Finding the appropriate connective ending

【토픽I 51번 문제 A】

전략 strategy

- 무엇에 대한 내용인지 이해해야 한다. You need to understand what the content is about.
- 내용에 어울리는 연결어미의 의미를 알아야 한다. You need to know the meaning of the connective ending that fits the context.

※ [51~52] 다음을 읽고 물음에 답하십시오.

> 인주시에서는 시민들이 이용할 수 있는 공원을 만듭니다. 그동안 공원이 없어서 많이 불편했습니다. 공원을 만들면 시민들이 운동도 할 수 있고 쉴 수도 있습니다. 공원은 5월에 문을 여는데 자전거도 탈 수 있습니다. 또 주차장이 (㉠) 차를 가지고 오는 사람도 편리하게 이용할 수 있습니다.

51. ㉠에 들어갈 말로 가장 알맞은 것을 고르십시오. (3점)

① 있지만
② 있거나
③ 있어서
④ 있으면

➕ 풀이 explanation

차를 가지고 오는 사람도 편리하게 이용할 수 있는 이유를 나타내는 '-어서'를 사용해야 한다. 각 선택지와 관련된 문장은 다음과 같다.

① -지만: 치마가 있지만 입지 않습니다.
② -거나: 친구를 만나거나 쇼핑을 하면 기분이 좋습니다.
③ -어서: 친구가 많아서 한국 생활이 재미있습니다.
④ -으면: 학교를 졸업하면 여행을 하고 싶습니다.

You should use '-어서' to indicate the reason why people who bring their cars can also conveniently use it. Here are some sentences related to each answer choice.

① -지만: I have a skirt but I don't wear it.
② -거나: I feel good when I meet friends or go shopping.
③ -어서: I enjoy my life in Korea because I have many friends.
④ -으면: I want to travel after I graduate from school.

정답 answer ③

【토픽I 51번 문제 B】

전략 strategy

- 무엇에 대한 내용인지 이해해야 한다. You need to understand what the content is about.
- 내용에 어울리는 연결어미의 의미를 알아야 한다. You need to know the meaning of the connective ending that fits the context.

※ [51~52] 다음을 읽고 물음에 답하십시오.

> 전에는 종이책으로 공부를 하고 책을 읽었습니다. 하지만 요즘은 전자책을 사용하는 사람이 많습니다. 전자책은 종이책보다 값이 싸기 때문에 사람들이 좋아합니다. 그리고 종이책은 (㉠) 가지고 다니기가 불편합니다. 하지만 전자책은 휴대전화만 있으면 책을 볼 수 있어서 큰 가방이 필요하지 않습니다.

51. ㉠에 들어갈 말로 가장 알맞은 것을 고르십시오. (3점)

① 무겁지만
② 무거워도
③ 무거운데
④ 무거우니까

풀이 explanation

가지고 다니기가 불편한 이유를 나타내는 '-니까'를 사용해야 한다. 각 선택지와 관련된 문장은 다음과 같다.

① -지만: 오늘은 춥지만 날이 맑습니다.
② -어도: 날씨가 나빠도 학교에 가야 합니다.
③ -는데: 저녁을 먹는데 친구가 왔습니다.
④ -니까: 날씨가 좋으니까 기분이 좋습니다.

You should use '-니까' to indicate the reason why it is inconvenient to carry it around. Here are some sentences related to each answer choice.

① -지만: It's cold today, but the weather is clear.
② -어도: I have to go to school even if the weather is bad.
③ -는데: A friend came while I was having dinner.
④ -니까: I feel good because the weather is nice.

정답 answer ④

☑ 추가 학습 Additional Learning

내용과 관계있는 연결어미를 연습합시다. Let's practice connective endings related to the content.

- **-거나**: 상태, 동작을 나열하고 어느 것이든 선택될 수 있음을 나타낸다. It lists states or actions and indicates that any of them can be chosen.

  저는 주말에 영화를 보거나 쇼핑을 합니다. I watch movies or go shopping on weekends.

- **-게**: 뒤에 오는 동작의 목적을 나타낸다. It indicates the purpose of the following action.

  춥지 않게 옷을 많이 입었습니다. I wore many clothes so I wouldn't be cold.

- **-고₁**: 상태, 동작을 나열하고 두 가지가 모두 있음을 나타낸다. It lists states or actions and indicates that both are present.

  오늘은 비도 오고 바람도 붑니다. Today it's both raining and windy.

- **-고₂**: 동작이 시간적으로 이어짐을 나타낸다. It indicates that actions occur in a temporal sequence.

  저는 점심을 먹고 숙제를 합니다. I eat lunch and then do my homework.

- **-는데**: 뒤에 오는 상태, 동작의 배경을 나타낸다. It indicates the background of the following state or action.

  제 친구는 중국에서 왔는데 한국말을 아주 잘합니다. My friend is from China, but he speaks Korean very well.

- **-어서₁**: 뒤에 오는 상태, 동작의 주관적인 이유를 나타낸다. It indicates the subjective reason for the following state or action.

  시험을 잘 봐서 기분이 좋습니다. I'm happy because I did well on the exam.

- **-어서₂**: 앞의 동작을 한 후에 뒤의 동작이 있음을 나타낸다. It indicates that the latter action occurs after the former action.

  저는 매일 음식을 만들어서 먹습니다. I cook and eat food every day.

- **-으니까**: 뒤에 오는 상태, 동작의 객관적인 이유나 원인을 나타낸다. It indicates the objective reason or cause of the following state or action.

  휴일이니까 수업이 없습니다. There are no classes because it's a holiday.

- **-으러:** 뒤에 오는 '가다, 오다'의 목적을 나타낸다. It indicates the purpose of the following verb 'to go' or 'to come.'
  옷을 사러 백화점에 갔습니다. I went to the department store to buy clothes.

- **-으려고:** 뒤에 오는 동사의 목적을 나타낸다. It indicates the purpose of the following verb.
  한국 대학교에 가려고 한국말을 공부합니다. I'm studying Korean to go to a Korean university.

- **-으면:** 뒤에 오는 상태, 동작의 조건을 나타낸다. It indicates the condition for the following state or action.
  건강하지 않으면 행복하지 않습니다. If you're not healthy, you're not happy.

- **-으면서:** 두 개 이상의 동작이 동시에 있음을 나타낸다. It indicates that two or more actions occur simultaneously.
  저는 음악을 들으면서 공부를 합니다. I listen to music while studying.

- **-지만:** 앞과 뒤의 상태, 동작이 반대임을 나타낸다. It indicates that the states or actions in the front and back are opposite.
  친구 주소는 모르지만 전화번호는 압니다. I don't know my friend's address, but I know his phone number.

- **-다가:** 앞의 동작이 끝나지 않고 뒤의 동작이 있음을 나타낸다. It indicates that the latter action occurs while the former action is still in progress.
  동생이 밥을 먹다가 전화를 받았습니다. My younger sibling was eating when he answered the phone.

연습합시다! Let's practice

친구에게 _____ 꽃과 선물을 샀습니다.

★ 답안 예시 answer example
→ 주려고

8 알맞은 문형 찾기 Finding the appropriate sentence pattern

【토픽I 53번 문제 A】

전략 strategy

- 무엇에 대한 내용인지 이해해야 한다. You need to understand what the content is about.
- 내용에 어울리는 문형의 의미를 알아야 한다. You need to understand the meaning of the sentence pattern that fits the context.

※ [53~54] 다음을 읽고 물음에 답하십시오.

> 저는 어제 약속이 있었습니다. 시간이 없어서 택시를 타려고 했습니다. 하지만 택시를 잡기가 어려워서 지하철을 탔습니다. 지하철에 사람이 많아서 짜증이 났습니다. 약속 시간에 늦어서 친구에게 미안했습니다. 제가 (㉠) 친구가 먼저 웃으면서 인사를 했습니다. 친구가 고마웠습니다.

53. ㉠에 들어갈 말로 가장 알맞은 것을 고르십시오. (2점)

① 사과하고 나서
② 사과하게 되면
③ 사과하는 대로
④ 사과하기 전에

풀이 explanation

앞의 행동이 있기 전에 뒤의 행동이 이루어지는 상황이다. 각 선택지와 관련된 문장은 다음과 같다.
① -고 나서: 카드를 넣고 나서 비밀번호를 누르세요.
② -게 되면: 한국말을 잘하게 되면 대학교에 가겠습니다.
③ -는 대로: 고향에 돌아가는 대로 연락하겠습니다.
④ -기 전에: 한국에 오기 전에 한국말을 조금 공부했습니다.

It's a situation that the following action takes place before the preceding action. Here are some sentences related to each answer choice.
① -고 나서: Insert the card and then enter your PIN.
② -게 되면: I will go to university when I become good at Korean.
③ -는 대로: I will contact you as soon as I return to my hometown.
④ -기 전에: I studied Korean a little before coming to Korea.

정답 answer ④

【토픽Ⅰ 53번 문제 B】

- 무엇에 대한 내용인지 이해해야 한다. You need to understand what the content is about.
- 내용에 어울리는 문형의 의미를 알아야 한다. You need to understand the meaning of the sentence pattern that fits the context.

※ [53~54] 다음을 읽고 물음에 답하십시오.

> 오랜만에 친구와 한강 공원에 갔습니다. 주말을 즐기는 사람들이 많았습니다. 산책을 하는 사람도 있고 음식을 먹는 사람도 있었습니다. 친구와 저는 커피를 마시러 갔습니다. 줄을 서서 차례를 (㉠) 이야기를 많이 했습니다. 친구를 만나니까 정말 기분이 좋았습니다.

53. ㉠에 들어갈 말로 가장 알맞은 것을 고르십시오. (2점)

① 기다린 후에
② 기다리는 동안
③ 기다리기 때문에
④ 기다리기 위해서

풀이 explanation

같은 시간에 두 가지 행동이 이루어지는 상황이다. 각 선택지와 관련된 문장은 다음과 같다.

① -은 후에: 점심을 먹은 후에 영화를 봤습니다.
② -는 동안: 한국에서 사는 동안 친구를 많이 사귀고 싶습니다.
③ -기 때문에: 요즘 날씨가 춥기 때문에 등산을 하지 않습니다.
④ -기 위해서: 좋은 대학교에 들어가기 위해서 열심히 공부합니다.

It's a situation that two actions take place at the same time. Here are some sentences related to each answer choice.

① -은 후에: I watched a movie after eating lunch.
② -는 동안: I want to make many friends while living in Korea.
③ -기 때문에: I don't go hiking these days because the weather is cold.
④ -기 위해서: I study hard to get into a good university.

정답 answer ②

☑ 추가 학습 Additional Learning

내용과 관계있는 문형을 연습합시다. Let's practice sentence patterns related to the content.

- **-고 나서:** 앞의 동작을 한 후에 뒤의 동작이 있음을 나타낸다. It indicates that the latter action occurs after the former action.

  손을 씻고 나서 밥을 먹습니다. I wash my hands and then eat.

- **-기 때문에:** 뒤에 오는 상태, 동작의 객관적인 이유나 원인을 나타낸다. It indicates the objective reason or cause of the following state or action.

  오늘은 휴일이기 때문에 학교에 가지 않습니다. I'm not going to school today because it's a holiday.

- **-기 전에:** 앞의 동작을 하기 전에 뒤의 동작이 있음을 나타낸다. It indicates that the latter action occurs before the former action.

  저는 매일 잠을 자기 전에 일기를 씁니다. I write in my diary every day before going to bed.

- **-기 위해서:** 뒤에 오는 동작의 목적을 나타낸다. It indicates the purpose of the following verb.

  저는 집을 사기 위해서 돈을 모읍니다. I save money to buy a house.

- **-는 대로:** 앞의 동작이 끝나고 바로 뒤의 동작이 있음을 나타낸다. It indicates that the latter action occurs immediately after the former action is completed.

  대학교를 졸업하는 대로 취직하려고 합니다. I'm going to get a job as soon as I graduate from university.

- **-는 동안에:** 앞의 동작과 뒤의 동작이 같은 시간에 있음을 나타낸다. It indicates that the preceding and following actions occur at the same time.

  저는 한국에서 사는 동안에 친구를 많이 사귀었습니다. I made many friends while living in Korea.

- **-은 지:** 앞의 동작이 이루어진 후에 시간이 지났음을 나타낸다. It indicates that time has passed since the preceding action occurred.

  저는 한국에 온 지 2개월 되었습니다. It has been two months since I came to Korea.

- **-은 후에:** 앞의 동작을 한 후에 뒤의 동작이 있음을 나타낸다. It indicates that the latter action occurs after the former action.

  수업이 끝난 후에 친구들과 같이 카페에 갔습니다. After class, I went to a cafe with my friends.

- **-을 때:** 앞에 오는 상태, 동작과 뒤에 오는 상태, 동작이 같은 시간에 있음을 나타낸다. It indicates that the states or actions in the front and back occur at the same time.

  저는 심심할 때 드라마를 봅니다. I watch dramas when I'm bored.

- **-지 말고:** 앞의 동작을 하지 않고 뒤의 동작이 있음을 나타낸다. It indicates that the latter action occurs without the former action.

  피곤하면 일하지 말고 쉬어야 합니다. If you're tired, you should rest instead of working.

연습합시다! Let's practice

날씨가 _____ 밖에서 운동하는 사람이 많습니다.

★ 답안 예시 answer example
→ 따뜻하기 때문에

8 알맞은 문형 찾기 Finding the appropriate sentence pattern

【토픽 I 65번 문제 A】

전략 strategy

- 무엇에 대한 내용인지 이해해야 한다. You need to understand what the content is about.
- 내용에 어울리는 문형의 의미를 알아야 한다. You need to understand the meaning of the sentence pattern that fits the context.

※ [65~66] 다음을 읽고 물음에 답하십시오.

> 피곤할 때 커피를 마시면 덜 피곤해집니다. 커피에 들어 있는 카페인 때문입니다. 사람들은 졸리거나 힘들 때 커피를 마십니다. 그러면 집중이 잘 되고 힘이 납니다. 운동 선수들은 시합에 집중하기 위해서 커피를 마십니다. 하지만 커피를 너무 많이 마시면 잠을 못 (㉠). 그래서 조심해야 합니다.

65. ㉠에 들어갈 말로 가장 알맞은 것을 고르십시오. (2점)

① 자게 됩니다
② 자려고 합니다
③ 자는지 압니다
④ 잔 적이 있습니다

풀이 explanation

앞의 행동으로 인한 결과를 설명하는 상황이다. 각 선택지와 관련된 문장은 다음과 같다.

① -게 됩니다: 시간이 지나면 나쁜 일도 잊어버리게 됩니다.
② -으려고 합니다: 오늘은 도서관에 가서 책을 읽으려고 합니다.
③ -는지 압니다: 저는 친구가 왜 한국말을 공부하는지 압니다.
④ -은 적이 있습니다: 저는 한국 가수를 만난 적이 있습니다.

It's a situation that explains the result of the previous action. Here are some sentences related to each answer choice.

① -게 됩니다: As time passes, you will forget even bad things.
② -으려고 합니다: I'm going to the library today to read a book.
③ -는지 압니다: I know why my friend is studying Korean.
④ -은 적이 있습니다: I have met a Korean singer before.

정답 answer ①

【토픽I 65번 문제 B】

- 무엇에 대한 내용인지 이해해야 한다. You need to understand what the content is about.
- 내용에 어울리는 문형의 의미를 알아야 한다. You need to understand the meaning of the sentence pattern that fits the context.

※ [65~66] 다음을 읽고 물음에 답하십시오.

> 사람들은 스트레스가 쌓일 때 단 음식을 먹습니다. 단 음식을 먹으면 기분이 좋아집니다. 그래서 식사를 한 후에 케이크처럼 단 음식을 많이 먹습니다. 그리고 음식을 만들 때 설탕을 많이 사용합니다. 그렇지만 단 음식을 너무 많이 (㉠   ). 건강이 나빠지거나 병이 생길 수 있습니다.

65. ㉠에 들어갈 말로 가장 알맞은 것을 고르십시오. (2점)

① 먹어야 합니다
② 먹고 있습니다
③ 먹으면 안 됩니다
④ 먹었으면 좋겠습니다

풀이 explanation

금지를 나타내는 상황이다. 각 선택지와 관련된 문장은 다음과 같다.
① -어야 합니다: 윗사람에게 높임말을 써야 합니다.
② -고 있습니다: 친구가 지금 일하고 있습니다.
③ -으면 안 됩니다: 거짓말을 하면 안 됩니다.
④ -었으면 좋겠습니다: 한국말을 잘했으면 좋겠습니다.

It's a situation that indicates prohibition. Here are some sentences related to each answer choice.
① -어야 합니다: You must use honorifics when speaking to someone older or of higher status.
② -고 있습니다: My friend is working now.
③ -으면 안 됩니다: You must not lie.
④ -었으면 좋겠습니다: I wish I could speak Korean well.

정답 answer ③

☑ 추가 학습 Additional Learning
내용과 관계있는 문형을 연습합시다. Let's practice sentence patterns related to the content.

- **-게 되다**: 결과를 나타낸다. It expresses a result.
저는 회사 일 때문에 한국에 오게 되었습니다. I came to Korea because of work.

- **-고 싶다**: 희망을 나타낸다. It expresses a hope or wish.
저는 해외여행을 많이 하고 싶습니다. I want to travel abroad a lot.

- **-고 있다**: 진행을 나타낸다. It expresses an ongoing action.
친구가 요즘 태권도를 배우고 있습니다. My friend is learning Taekwondo these days.

- **-기로 하다**: 결정을 나타낸다. It expresses a decision.
주말에 친구와 제주도에 가기로 했습니다. I decided to go to Jeju Island with my friend on the weekend.

- **-는 것 같다**: 추측을 나타낸다. It expresses a guess or conjecture.
한국 사람들은 등산을 좋아하는 것 같습니다. I think Korean people like hiking.

- **-어도 되다**: 허용을 나타낸다. It expresses permission.
일을 빨리 끝낸 사람은 일찍 집에 가도 됩니다. People who finish their work early can go home early.

- **-어 보다**: 시도를 나타낸다. It expresses an attempt.
떡볶이가 맛있을 것 같아서 한번 먹어 봤습니다. I tried tteokbokki because I thought it would be delicious.

- **-어야 되다**: 의무를 나타낸다. It expresses an obligation.
약속을 하면 약속을 꼭 지켜야 됩니다. If you make a promise, you must keep it.

- **-어야 하다**: 의무를 나타낸다. It expresses an obligation.
한국에서는 윗사람에게 높임말을 써야 합니다. In Korea, you must use honorifics when speaking to someone older or of higher status.

- **-어 있다**: 상태의 지속을 나타낸다. It expresses a continuing state.
길 옆에 예쁜 꽃들이 피어 있습니다. Beautiful flowers are blooming along the road.

- **-었으면 좋겠다**: 희망을 나타낸다. It expresses a hope or wish.
  제가 좋아하는 가수를 만났으면 좋겠습니다. I wish I could meet my favorite singer.

- **-으면 안 되다**: 금지를 나타낸다. It expresses prohibition.
  약속을 잊어버리면 안 됩니다. You must not forget your promise.

- **-은 적이 있다**: 경험을 나타낸다. It expresses an experience.
  저는 공항에 늦게 가서 비행기를 놓친 적이 있습니다. I was late to the airport and missed my flight.

- **-을 것이다**: 계획을 나타낸다. It expresses a plan.
  저는 내일 고향에 갈 겁니다. I will go to my hometown tomorrow.

- **-을 수 있다**: 능력이나 가능성을 나타낸다. It expresses ability or possibility.
  친구는 여러 나라 말을 할 수 있습니다. My friend can speak several languages.

- **-지 못하다**: 불가능을 나타낸다. It expresses impossibility.
  저는 수영을 하지 못합니다. I can't swim.

- **-지 않다**: 부정을 나타낸다. It expresses negation.
  저는 단 음식을 좋아하지 않습니다. I don't like sweet food.

 연습합시다! Let's practice

소금을 많이 먹으면 건강에 좋지 않기 때문에 짠 음식을 적게 _____.

★ 답안 예시 answer example
→ 먹어야 합니다

유형1 표현 익히기 | Type1 Learning expressions

문제 번호	표현	영어	중국어	일본어	베트남어
34	노래	song	歌曲	歌	bài hát
	부르다	to sing	唱	歌う	hát
	경치	scenery	风景	景色	phong cảnh
	보다	to look at	看	見る	ngắm
	아름답다	to be beautiful	美丽	美しい	đẹp
	옷	clothes	衣服	服	quần áo
	사다	to buy	买	買う	mua
	예쁘다	to be pretty	漂亮	きれいだ	đẹp
	삼계탕	samgyetang (korean ginseng chicken soup)	参鸡汤	サムゲタン	samgyetang (món gà hầm sâm)
	먹다	to eat	吃	食べる	ăn
	맛있다	to be delicious	好吃	美味しい	ngon
	재미있다	to be fun	有趣	楽しい	thú vị
	물	water	水	水	nước
	마시다	to drink	喝	飲む	uống
	시원하다	refreshing	凉爽	涼しい	mát mẻ
	춤을 추다	to dance	跳舞	ダンスを踊る	nhảy múa
	즐겁다	to be enjoyable	快乐	楽しい	vui vẻ
	운동	exercise	运动	運動	tập thể dục
	하다	to do	做	する	làm
	한국말	korean language	韩语	韓国語	tiếng hàn
	배우다	to learn	学习	習う	học
	어렵다	to be difficult	难	難しい	khó
	밥	rice (cooked)	米饭	ご飯	cơm
	빵	bread	面包	パン	bánh mì
	친구	friend	朋友	友達	bạn bè
	기다리다	to wait	等待	待つ	chờ đợi
	주스	juice	果汁	ジュース	nước ép
	편지	letter	信	手紙	thư
	보내다	to send	寄	送る	gửi

문제 번호	표현	영어	중국어	일본어	베트남어
34	책	book	书	本	sách
	읽다	to read	读	読む	đọc
	영화	movie	电影	映画	phim
	여행	travel	旅行	旅行	du lịch
	물건	things	东西	物	đồ vật
36	요리하다	to cook	做饭	料理する	nấu ăn
	식당	restaurant	饭店	食堂	nhà hàng
	음식	food	食物	食べ物	món ăn
	만들다	to make	做	作る	làm
	극장	theater	电影院	劇場	rạp chiếu phim
	백화점	department store	百货商店	デパート	trung tâm thương mại
	도서관	library	图书馆	図書館	thư viện
	학생	student	学生	学生	học sinh
	대학교	university	大学	大学	đại học
	역사	history	历史	歴史	lịch sử
	회사원	office worker	公司职员	会社員	nhân viên công ty
	회사	company	公司	会社	công ty
	일	work	工作	仕事	công việc
	공무원	public official	公务员	公務員	công chức
	시청	city hall	市政府	市役所	tòa thị chính
	의사	doctor	医生	医者	bác sĩ
	병원	hospital	医院	病院	bệnh viện
	환자	patient	患者	患者	bệnh nhân
	만나다	to meet	见面	会う	gặp gỡ
	경찰	police officer	警察	警察	cảnh sát
	길	street	路	道	đường
	교통정리	traffic control	交通疏导	交通整理	điều khiển giao thông
	선생님	teacher	老师	先生	giáo viên
	학교	school	学校	学校	trường học

유형1 표현 익히기 | Type1 Learning expressions

문제 번호	표현	영어	중국어	일본어	베트남어
36	가르치다	to teach	教	教える	dạy học
	공부	study	学习	勉強	học
	가수	singer	歌手	歌手	ca sĩ
	운동선수	athlete	运动员	スポーツ選手	vận động viên
	체육관	gym	体育馆	体育館	nhà thi đấu
	연습	practice	练习	練習	luyện tập
	은행	bank	银行	銀行	ngân hàng
	은행원	bank teller	银行职员	銀行員	nhân viên ngân hàng
	손님	customer	顾客	お客さん	khách
	도와주다	to help	帮助	助ける	giúp đỡ
35	배우	actor	演员	俳優	diễn viên
	매일	every day	每天	毎日	hàng ngày
	드라마	drama	电视剧	ドラマ	phim
	좋아하다	to like	喜欢	好きだ	thích
	축구	soccer	足球	サッカー	bóng đá
	사과	apple	苹果	りんご	táo
	과일	fruit	水果	果物	hoa quả
	한국 음식	Korean food	韩国食物	韓国料理	đồ ăn hàn quốc
	김치	kimchi	泡菜	キムチ	kim chi
	딸기	strawberry	草莓	いちご	dâu tây
	자주	often	经常	よく	thường xuyên
	음료수	beverage	饮料	飲み物	nước ngọt
	소설	novel	小说	小説	tiểu thuyết
	포도	grape	葡萄	ぶどう	nho
	꽃	flower	花	花	hoa
	장미	rose	玫瑰	バラ	hoa hồng
	야구	baseball	棒球	野球	bóng chày
	요리	cooking	料理	料理	nấu ăn
	김밥	gimbap	紫菜包饭	キンパ	kimbap (cơm cuộn)
	만화	comic book	漫画	漫画	truyện tranh

문제 번호	표현	영어	중국어	일본어	베트남어
35	태권도	taekwondo	跆拳道	テコンドー	taekwondo
	떡볶이	tteokbokki	炒年糕	トッポッキ	bánh gạo cay
	악기	musical instrument	乐器	楽器	nhạc cụ
	피아노를 치다	to play the piano	弹钢琴	ピアノを弾く	chơi piano
	음악	music	音乐	音楽	âm nhạc
	듣다	to listen	听	聴く	nghe
37	적다	to be few	少	少ない	ít
	저	I	我	私	tôi
	한가하다	to be free	空闲	暇だ	rảnh rỗi
	수업	class	课	授業	tiết học
	없다	to not have	没有	いない／ない	không có
	편하다	to be comfortable	方便	楽だ、快適だ	thoải mái
	요즘	these days	最近	最近	dạo này
	많다	to be many	多	多い	nhiều
	바쁘다	to be busy	忙	忙しい	bận rộn
	외롭다	to be lonely	孤独	寂しい	cô đơn
	집	house	家	家	nhà
	옆	next to	旁边	横	bên cạnh
	가깝다	to be close	近	近い	gần
	멀다	to be far	远	遠い	xa
	힘들다	to be difficult	辛苦	つらい	khó khăn
	친절하다	to be kind	亲切	親切だ	thân thiện
	동생	younger sibling	弟弟/妹妹	弟／妹	em
	기분이 좋다	to feel good	心情好	気分が良い	tâm trạng vui
	바람	wind	风	風	gió
	지루하다	to be boring	无聊	退屈だ	chán
	재미없다	to not fun	无趣	つまらない	không thú vị
	가방	bag	包	バック	cặp
	무겁다	to be heavy	重	重い	nặng
	공연	performance	演出	公演	buổi biểu diễn

유형1 표현 익히기 | Type1 Learning expressions

문제 번호	표현	영어	중국어	일본어	베트남어
37	착하다	to be kind	善良	優しい	tốt bụng
	마음	heart	心	心	trái tim, tấm lòng
	따뜻하다	to be warm	溫暖	温かい	ấm áp
	편의점	convenience store	便利店	コンビニ	cửa hàng tiện lợi
	편리하다	to be convenient	方便	便利だ	tiện lợi
	교통	traffic	交通	交通	giao thông
	복잡하다	to be crowded	擁堵	複雑だ	phức tạp
	차	car	车	車	ô tô
	한국 생활	life in Korea	韩国生活	韓国生活	cuộc sống ở hàn quốc
	바다	sea	海	海	biển
	있다	to have	有	いる／ある	có
	등산	hiking	登山	登山	leo núi
	산	mountain	山	山	núi
	사람	person	人	人	người
	심심하다	to be bored	无聊	退屈だ	buồn chán
38	조금만	just a little bit	一点点	少しだけ	một chút thôi
	잠깐	for a moment	一会儿	ちょっと	chốc lát
	금방	soon	马上	もうすぐ	nhanh thôi
	도착하다	to arrive	到达	到着する	đến nơi
	타다	to ride	坐	乗る	đi
	매우	very	非常	とても	rất
	버스	bus	公共汽车	バス	xe buýt
	아까	a while ago	刚才	さっき	lúc nãy
	끝나다	to finish	结束	終わる	kết thúc
	지금	now	现在	今	bây giờ
	시간	time	时间	時間	thời gian
	걸어서 가다	to walk	走路去	歩いて行く	đi bộ
	천천히	slowly	慢慢地	ゆっくり	từ từ
	똑바로	straight	笔直地	まっすぐ	thẳng
	가다	to go	去	行く	đi

문제 번호	표현	영어	중국어	일본어	베트남어
38	왼쪽	left	左边	左	bên trái
	약국	pharmacy	药店	薬局	nhà thuốc
	정말로	really	真的	本当に	thực sự
	잘하다	to do well	做得好	上手だ	giỏi
	열심히	diligently	努力地	一生懸命	chăm chỉ
	공부하다	to study	学习	勉強する	học tập
	보통	usually	一般	普通	bình thường
	가끔	sometimes	偶尔	時々	thỉnh thoảng
	지하철	subway	地铁	地下鉄	tàu điện ngầm
	가족	family	家人	家族	gia đình
	같이	together	一起	一緒に	cùng nhau
	살다	to live	生活	住む	sống
	혼자	alone	独自	一人	một mình
	약속을 하다	to make a promise	约定	約束をする	hẹn
	약속을 지키다	to keep a promise	守约	約束を守る	giữ lời hứa
	꼭	definitely	一定	必ず	nhất định
	날마다	every day	每天	毎日	mỗi ngày
	일찍	early	早	早く	sớm
	하지만	but	但是	しかし	nhưng mà
	오늘	today	今天	今日	hôm nay
	늦게	late	晚	遅く	muộn
	일어나다	to wake up	起床	起きる	thức dậy
	먼저	first	先	まず	trước tiên
	숙제	homework	作业	宿題	bài tập về nhà
	텔레비전	television	电视	テレビ	ti vi
	그리고	and	然后	そして	và
	빨리	quickly	快	速く	nhanh
	아직	yet	还	まだ	vẫn còn
	점심	lunch	午饭	昼ごはん	bữa trưa
	배가 고프다	to be hungry	肚子饿	お腹が空く	đói bụng

유형1 표현 익히기 | Type1 Learning expressions

문제 번호	표현	영어	중국어	일본어	베트남어
38	비빔밥	bibimbap	拌饭	ビビンバ	cơm trộn (bibimbap)
	그래서	therefore	所以	だから	vì vậy
	내일	tomorrow	明天	明日	ngày mai
	시험	exam	考试	試験	bài kiểm tra
	모르다	to not know	不知道	知らない	không biết
	처음	for the first time	第一次	初めて	lần đầu
39	형	brother	哥哥	兄	anh trai
	월요일	Monday	星期一	月曜日	thứ hai
	금요일	Friday	星期五	金曜日	thứ sáu
	생일	birthday	生日	誕生日	sinh nhật
	선물	present	礼物	プレゼント	quà
	주다	to give	给	あげる	cho
	책상	desk	书桌	机	bàn học
	위	on	上面	上	trên
	컴퓨터	computer	电脑	コンピューター	máy tính
	여름	summer	夏天	夏	mùa hè
	덥다	to be hot	热	暑い	nóng
	겨울	winter	冬天	冬	mùa đông
	파티	party	派对	パーティー	buổi tiệc
	오다	to come	来	来る	đến
	제일	most	最	一番	nhất
	젓가락	chopsticks	筷子	箸	đũa
	포크	fork	叉子	フォーク	dĩa
	카페	cafe	咖啡馆	カフェ	quán cà phê
	이메일	email	电子邮件	イーメール	thư điện tử
	문자메시지	text message	短信	メッセージ	tin nhắn
	받다	to receive	接收	受け取る	nhận
	중국	China	中国	中国	trung quốc
	중국 사람	Chinese person	中国人	中国人	người trung quốc
	일하다	to work	工作	働く	làm việc

문제 번호	표현	영어	중국어	일본어	베트남어
	그러면	then	那么	それでは	vậy thì
	그런데	but	不过	ところで	nhưng mà
	그러나	however	但是	しかし	nhưng
	그렇지만	but	但是	けれども	nhưng mà
	그러니까	therefore	所以	だから	vì vậy
	지각하다	to be late	迟到	遅刻する	đến muộn
	기분이 나쁘다	to feel bad	心情不好	気分が悪い	tâm trạng không vui
	좋아지다	to be get better	变好	良くなる	trở nên tốt hơn
	건강이 좋아지다	to become healthy	身体好转	体調が良くなる	sức khỏe tốt hơn
49	우유	milk	牛奶	牛乳	sữa bò
	고기	meat	肉	肉	thịt
	채소	vegetables	蔬菜	野菜	rau
	피곤하다	to be tired	疲倦	疲れている	mệt mỏi
	화가 나다	to get angry	生气	腹が立つ	tức giận
	질문하다	to ask a question	提问	質問する	hỏi
	대답하다	to answer	回答	答える	trả lời
	날씨	weather	天气	天気	thời tiết
	춥다	to be cold	冷	寒い	lạnh
	나가다	to go out	出去	出かける	đi ra ngoài
	빠르다	to be fast	快	速い	nhanh
	치마	skirt	裙子	スカート	váy
	입다	to wear	穿	着る	mặc
	쇼핑	shopping	购物	ショッピング	mua sắm
	졸업하다	to graduate	毕业	卒業する	tốt nghiệp
51	종이책	paper book	纸质书	本	sách giấy
	전자책	e-book	电子书	電子書籍	sách điện tử
	가볍다	to be light	轻	軽い	nhẹ
	싸다	to be cheap	便宜	安い	rẻ
	날씨가 나쁘다	to be bad weather	天气不好	天気が悪い	thời tiết xấu
	주말	weekend	周末	週末	cuối tuần

유형1 표현 익히기 Type1 Learning expressions

문제 번호	표현	영어	중국어	일본어	베트남어
51	비가 오다	to rain	下雨	雨が降る	trời mưa
	바람이 불다	to be windy	刮风	風が吹く	gió thổi
	시험을 보다	to take an exam	考试	試験を受ける	làm bài kiểm tra
	잘	well	好	上手に	tốt
	휴일	holiday	假日	休日	ngày nghỉ
	건강하다	to be healthy	健康	健康だ	khỏe mạnh
	행복하다	to be happy	幸福	幸せだ	hạnh phúc
	주소	address	地址	住所	địa chỉ
	전화번호	phone number	电话号码	電話番号	số điện thoại
	알다	to know	知道	知っている	biết
	전화를 받다	to answer the phone	接电话	電話に出る	trả lời điện thoại
53	카드	card	卡	カード	thẻ
	넣다	to insert	放入	入れる	đút
	비밀번호	password	密码	パスワード、暗証番号	mật khẩu
	누르다	to press	按	押す	nhấn
	고향	hometown	家乡	故郷	quê hương
	돌아가다	to return	回去	帰る	trở về
	연락하다	to contact	联系	連絡する	liên lạc
	조금	a little	一点	少し	một ít
	사귀다	to make friends	交往	付き合う	kết bạn
	들어가다	to enter	进去	入る	đi vào
	손	hand	手	手	tay
	씻다	to wash	洗	洗う	rửa
	잠을 자다	to sleep	睡觉	眠る	ngủ
	일기	diary	日记	日記	nhật ký
	쓰다	to write	写	書く	viết
	돈	money	钱	お金	tiền
	모으다	to save	攒	貯める	tiết kiệm
	취직하다	to get a job	就业	就職する	xin việc

문제 번호	표현	영어	중국어	일본어	베트남어
53	개월	month	月	ヶ月	tháng
	쉬다	to rest	休息	休む	nghỉ ngơi
65	지나다	to pass (time)	经过	過ぎる	trôi qua
	잊어버리다	to forget	忘记	忘れる	quên
	왜	why	为什么	なぜ	tại sao
	윗사람	superior, elder	长辈	目上の人	người lớn tuổi
	높임말	honorifics	敬语	敬語	kính ngữ
	쓰다	to use	使用	使う	dùng
	거짓말	lie	谎言	嘘	nói dối
	해외여행	overseas travel	海外旅行	海外旅行	du lịch nước ngoài
	회사 일	company work	公司的事	会社の仕事	công việc công ty
	제주도	jeju island	济州岛	済州島	đảo jeju
	끝내다	to finish	结束	終える	hoàn thành
	꽃이 피다	flowers bloom	花开	花が咲く	hoa nở
	공항	airport	机场	空港	sân bay
	비행기	airplane	飞机	飛行機	máy bay
	놓치다	to miss	错过	逃す	bỏ lỡ
	여러	various	很多	いろいろ	nhiều
	나라	country	国家	国	quốc gia
	말	word	语言	言葉	lời nói
	수영	swimming	游泳	水泳	bơi lội
	달다	to be sweet	甜	甘い	ngọt

유형 2

전체 내용 이해하기
Understanding the overall content

---

1 주제 찾기 Finding the topic
  토픽 I 읽기 31, 32, 33번 문제

2 중심 내용 찾기 Finding the main idea
  토픽 I 읽기 46, 47, 48, 52, 63번 문제

유형2 표현 익히기 Type2 Learning expressions

1 주제 찾기 Finding the topic

【토픽 I 31번 문제 A】

> **전략 strategy**
> - 무엇에 대해서 설명하는지 알아야 한다. You need to understand what is being described.
> - 형용사가 사용된 문장을 이해해야 한다. You need to understand sentences that use adjectives.

※ [31~33] 무엇에 대한 내용입니까? 〈보기〉와 같이 알맞은 것을 고르십시오. (각 2점)

〈 보 기 〉

오늘은 쉽니다. 수업이 없습니다.

① 요일　　　② 이름　　　❸ 휴일　　　④ 날짜

31.

떡볶이가 맛있습니다. 만두도 맛있습니다.

① 음식　　　② 교통　　　③ 계절　　　④ 색깔

풀이 explanation

음식에 대한 설명이다. 각 선택지와 관련된 문장은 다음과 같다.
① 음식 : 삼계탕이 맛있습니다. 비빔밥도 맛있습니다.
② 교통 : 버스가 편합니다. 지하철도 편합니다.
③ 계절 : 봄에는 따뜻합니다. 여름에는 덥습니다.
④ 색깔 : 하늘이 파랗습니다. 꽃이 빨갛습니다.

| 주요 표현 |
- 떡볶이
- 맛있다

This is a description about food. Here are some sentences related to each answer choice.
① food: Samgyetang is delicious. Bibimbap is also delicious.
② transportation: Buses are convenient. Subways are also convenient.
③ season: It's warm in spring. It's hot in summer.
④ color: The sky is blue. The flowers are red.

| Key expressions |
- tteokbokki
- to be delicious

정답 answer ①

【토픽Ⅰ 31번 문제 B】

- 무엇에 대해서 설명하는지 알아야 한다. You need to understand what is being described.
- 형용사가 사용된 문장을 이해해야 한다. You need to understand sentences that use adjectives.

※ [31~33] 무엇에 대한 내용입니까? 〈보기〉와 같이 알맞은 것을 고르십시오. (각 2점)

〈보 기〉

오늘은 쉽니다. 수업이 없습니다.

① 요일　　② 이름　　❸ 휴일　　④ 날짜

31.
지금은 오월입니다. 오늘은 오월 팔일입니다.

① 시간　　② 나이　　③ 요일　　④ 날짜

풀이 explanation

날짜에 대한 설명이다. 각 선택지와 관련된 문장은 다음과 같다.

① 시간 : 지금은 오후입니다. 일곱 시입니다.
② 나이 : 저는 스무 살입니다. 동생은 열여덟 살입니다.
③ 요일 : 오늘은 금요일입니다. 토요일은 쉽니다.
④ 날짜 : 지금은 시월입니다. 오늘은 시월 십일입니다.

| 주요 표현 |
- 지금
- 오늘

This is a description about date. Here are some sentences related to each answer choice.

① time: It's afternoon now. It's seven o'clock.
② age: I'm twenty years old. My younger sibling is eighteen years old.
③ day of the week: Today is Friday. I rest on Saturday.
④ date: It's October now. Today is October 10th.

| Key expressions |
- now
- today

정답 answer ④

☑ 주요 표현 Key expressions

- **떡볶이** tteokbokki

  떡볶이가 맵습니다. Tteokbokki is spicy.

- **맛있다** to be delicious

  한국 음식이 맛있습니다. Korean food is delicious.

- **지금** now

  저는 지금 학교에 있습니다. I'm at school now.

- **오늘** today

  오늘은 금요일입니다. 내일과 모레는 집에서 쉽니다. Today is Friday. I'll rest at home tomorrow and the day after tomorrow.

주제 찾기 Finding the topic

【토픽I 32번 문제 A】

> 전략 strategy
>
> - 무엇에 대해서 설명하는지 알아야 한다. You need to understand what the content is about.
> - 동사가 사용된 문장을 이해해야 한다. You need to understand sentences that use verbs.

※ [31~33] 무엇에 대한 내용입니까? 〈보기〉와 같이 알맞은 것을 고르십시오. (각 2점)

〈보 기〉

오늘은 쉽니다. 수업이 없습니다.

① 요일　　　② 이름　　　❸ 휴일　　　④ 날짜

32.   비가 옵니다. 우산을 씁니다.

① 옷　　　② 날씨　　　③ 공부　　　④ 쇼핑

> ➕ 풀이 explanation
>
> 날씨에 대한 설명이다. 각 선택지와 관련된 문장은 다음과 같다.
> ① 옷: 가게에 갑니다. 바지를 삽니다.
> ② 날씨: 눈이 옵니다. 바람도 붑니다.
> ③ 공부: 학교에 갑니다. 한국어를 배웁니다.
> ④ 쇼핑: 백화점에 갑니다. 선물을 삽니다.
>
> | 주요 표현 |
> - 비가 오다
> - 우산
> - 쓰다
>
> This is a description about weather. Here are some sentences related to each answer choice.
> ① clothes: I go to the store. I buy pants
> ② weather: It's snowing. The wind is also blowing.
> ③ study: I go to school. I learn Korean.
> ④ shopping: I go to the department store. I buy gifts.
>
> | Key expressions |
> - to rain
> - umbrella
> - to wear

정답 answer ②

【 토픽I 32번 문제 B 】

> **전략 strategy**
> - 무엇에 대해서 설명하는지 알아야 한다. You need to understand what the content is about.
> - 동사가 사용된 문장을 이해해야 한다. You need to understand sentences that use verbs.

※ [31~33] 무엇에 대한 내용입니까? 〈보기〉와 같이 알맞은 것을 고르십시오. (각 2점)

〈 보 기 〉

오늘은 쉽니다. 수업이 없습니다.

① 요일　　② 이름　　❸ 휴일　　④ 날짜

32.

백화점에 갑니다. 물건을 삽니다.

① 여행　　② 쇼핑　　③ 운동　　④ 직업

> **풀이 explanation**
>
> 쇼핑에 대한 설명이다. 각 선택지와 관련된 문장은 다음과 같다.
> ① 여행: 바다에 갑니다. 경치를 구경합니다.
> ② 쇼핑: 시장에 갑니다. 물건을 삽니다.
> ③ 운동: 달리기를 합니다. 수영도 합니다.
> ④ 직업: 가게에서 일합니다. 물건을 팝니다.
>
> | 주요 표현 |
> - 백화점
> - 물건
> - 사다
>
> This is a description about shopping. Here are some sentences related to each answer choice.
> ① travel: I go to the sea. I enjoy the scenery.
> ② shopping: I go to the market. I buy things.
> ③ exercise: I run. I also swim.
> ④ occupation: I work at a store. I sell things.
>
> | Key expressions |
> - department store
> - things
> - to buy

정답 answer ②

☑ 주요 표현 Key expressions

- **비가 오다** to rain

  여름에 비가 많이 옵니다. It rains a lot in the summer.

- **우산** umbrella

  비가 옵니다. 우산이 필요합니다. It's raining. I need an umbrella.

- **쓰다** to wear

  저는 자주 모자를 씁니다. I often wear a hat.

- **백화점** department store

  백화점이 아주 큽니다. The department store is very big.

- **물건** things

  시장에 물건이 많습니다. There are many things at the market.

- **사다** to buy

  저는 슈퍼에서 과일을 삽니다. I buy fruit at the supermarket.

1 주제 찾기 Finding the topic

【토픽I 33번 문제 A 】

전략 strategy
- 무엇에 대해서 설명하는지 알아야 한다. You need to understand what the content is about.
- 동사와 형용사가 사용된 문장을 이해해야 한다. You need to understand sentences that use verbs and adjectives.

※ [31~33] 무엇에 대한 내용입니까? 〈보기〉와 같이 알맞은 것을 고르십시오. (각 2점)

〈보 기〉
오늘은 쉽니다. 수업이 없습니다.
① 요일   ② 이름   ❸ 휴일   ④ 날짜

33. 선물을 많이 받습니다. 기분이 좋습니다.

① 약속   ② 생일   ③ 방학   ④ 청소

풀이 explanation

생일에 대한 설명이다. 각 선택지와 관련된 문장은 다음과 같다.
① 약속: 주말에 친구를 만납니다. 아주 즐겁습니다.
② 생일: 케이크를 먹습니다. 선물이 많습니다.
③ 방학: 여름은 아주 덥습니다. 학교에 안 갑니다.
④ 청소: 방을 닦습니다. 방이 깨끗합니다.

| 주요 표현 |
- 선물
- 받다
- 기분

This is a description about birthday. Here are some sentences related to each answer choice.
① appointment: I meet my friends on the weekend. It's very enjoyable.
② birthday: I eat cake. I have a lot of presents.
③ vacation: Summer is very hot. I don't go to school.
④ cleaning: I clean my room. The room is clean.

| Key expressions |
- present
- to receive
- feeling

정답 answer ②

【토픽I 33번 문제 B】

- 무엇에 대해서 설명하는지 알아야 한다. You need to understand what the content is about.
- 동사와 형용사가 사용된 문장을 이해해야 한다. You need to understand sentences that use verbs and adjectives.

※ [31~33] 무엇에 대한 내용입니까? 〈보기〉와 같이 알맞은 것을 고르십시오. (각 2점)

〈 보 기 〉

오늘은 쉽니다. 수업이 없습니다.

① 요일 ② 이름 ❸ 휴일 ④ 날짜

33. 우체국에 갑니다. 학교 옆에 있습니다.

① 계절 ② 휴일 ③ 위치 ④ 산책

풀이 explanation

우체국의 위치에 대한 설명이다. 각 선택지와 관련된 문장은 다음과 같다.

① 계절: 겨울에 눈이 옵니다. 날씨가 춥습니다.
② 휴일: 수업이 없습니다. 학교에 안 갑니다.
③ 위치: 서점에 갑니다. 학생회관 안에 있습니다.
④ 산책: 공원에서 걷습니다. 기분이 좋습니다.

| 주요 표현 |
- 우체국
- 옆

This is a description about the location of the post office. Here are some sentences related to each answer choice.

① season: It snows in winter. The weather is cold.
② holiday: There are no classes. I don't go to school.
③ location: I go to the bookstore. It's inside the student union building.
④ walk: I walk in the park. I feel good.

| Key expressions |
- post office
- next to

정답 answer ③

☑ 주요 표현 Key expressions

- **선물** present

  저는 친구 생일에 친구에게 선물을 줍니다. I give my friend a present on their birthday.

- **받다** to receive

  저는 매일 이메일을 받습니다. I receive emails every day.

- **기분** feeling

  바다에 갑니다. 기분이 좋습니다. I go to the sea. I feel good.

- **우체국** post office

  저는 우체국에서 편지를 보냅니다. I send letters at the post office.

- **옆** next to

  친구가 제 옆에 앉습니다. My friend sits next to me.

2 중심 내용 찾기 Finding the main idea

【토픽I 46번 문제 A】

> 전략 strategy
> - 무엇에 대해서 설명하는지 알아야 한다. You need to understand what the content is about.
> - 중심 문장을 찾아야 한다. You need to find the main sentence.

※ [46~48] 다음을 읽고 중심 내용을 고르십시오.

46. (3점)

> 저는 친구와 같이 삽니다. 친구는 중국에서 왔습니다. 친구가 만든 중국 음식이 아주 맛있습니다. 저도 중국 요리를 배우고 싶습니다.

① 저는 혼자 살고 싶습니다.
② 저는 중국 친구를 만나고 싶습니다.
③ 저는 맛있는 음식을 먹고 싶습니다.
④ 저는 중국 음식을 만들고 싶습니다.

> 풀이 explanation

중국 요리를 배우고 싶다는 내용이다.

| 주요 표현 |
- 살다
- 만들다
- 요리
- 배우다

The content is about wanting to learn Chinese cuisine.

| Key expressions |
- to live
- to make
- cooking
- to learn

정답 answer ④

【토픽I 46번 문제 B】

전략 strategy

- 무엇에 대해서 설명하는지 알아야 한다. You need to understand what the content is about.
- 중심 문장을 찾아야 한다. You need to find the main sentence.

※ [46~48] 다음을 읽고 중심 내용을 고르십시오.

46. (3점)

> 제 동생은 외국어를 잘합니다. 동생은 여러 나라에 여행을 갑니다. 저도 외국어를 배워서 해외여행을 가고 싶습니다.

① 저는 외국에서 살고 싶습니다.
② 저는 외국어를 배우고 싶습니다.
③ 저는 여행사에서 일하고 싶습니다.
④ 저는 동생과 여행을 가고 싶습니다.

풀이 explanation

외국어를 배워서 해외여행을 가고 싶다는 내용이다.

| 주요 표현 |
- 외국어
- 여러
- 해외여행

The content is about wanting to learn a foreign language to travel abroad.

| Key expressions |
- foreign language
- various
- overseas travel

정답 answer ②

☑ 주요 표현 Key expressions

- **살다** to live

    지금 저는 기숙사에서 삽니다. I currently live in a dormitory.

- **만들다** to make

    오늘 저는 샌드위치를 만들어서 먹었습니다. I made and ate a sandwich today.

- **요리** cooking

    저는 요리를 좋아해서 매일 음식을 만듭니다. I like cooking, so I make food every day.

- **배우다** to learn

    운전을 배운 후에 자동차를 사려고 합니다. I want to buy a car after learning how to drive.

- **외국어** foreign language

    다른 나라 친구를 사귀면 외국어를 쉽게 배울 수 있습니다. You can easily learn a foreign language if you make friends from other countries.

- **여러** various

    저는 여러 가지 운동을 다 좋아합니다. I like all kinds of sports.

- **해외여행** overseas travel

    해외여행을 가려고 여권을 만들었습니다. I made a passport to go on a trip abroad.

2 중심 내용 찾기 Finding the main idea

【 토픽I 47번 문제 A 】

전략 strategy
- 무엇에 대해서 설명하는지 알아야 한다. You need to understand what the content is about.
- 중심 문장을 찾아야 한다. You need to find the main sentence.

※ [46~48] 다음을 읽고 중심 내용을 고르십시오.

47. (3점)

> 저는 시간이 있을 때 사진을 찍으러 갑니다. 산에 가서 예쁜 꽃도 찍고 바다에 가서 아름다운 경치도 찍습니다. 빨리 주말이 되었으면 좋겠습니다.

① 저는 시간이 있을 때 산에 가고 싶습니다.
② 저는 산에 가서 예쁜 꽃을 보고 싶습니다.
③ 저는 주말에 사진을 찍으러 가고 싶습니다.
④ 저는 아름다운 바다에서 사진을 찍고 싶습니다.

풀이 explanation

빨리 주말이 되어서 사진을 찍으러 갔으면 좋겠다는 내용이다.

| 주요 표현 |
- 시간이 있다
- 사진을 찍다
- 아름답다
- 경치
- 주말

The content is about wanting to go take pictures on the weekend as soon as possible.

| Key expressions |
- to have time
- to take pictures
- to be beautiful
- scenery
- weekend

정답 answer ③

【토픽I 47번 문제 B】

> 전략 strategy
> - 무엇에 대해서 설명하는지 알아야 한다. You need to understand what the content is about.
> - 중심 문장을 찾아야 한다. You need to find the main sentence.

※ [46~48] 다음을 읽고 중심 내용을 고르십시오.

47. (3점)

> 저는 시장에 자주 갑니다. 물건을 사지 않지만 구경하는 것을 좋아합니다. 내일은 가까운 시장에 가서 구경도 하고 맛있는 것도 먹을 겁니다.

① 저는 가까운 시장에 자주 갑니다.
② 저는 시장에서 물건을 사지 않습니다.
③ 저는 시장에 가서 물건을 사고 싶습니다.
④ 저는 시장에서 구경하는 것을 좋아합니다.

> ➕ **풀이** explanation
>
> 시장에서 물건을 사지 않지만 구경하는 것을 좋아한다는 내용이다.
>
> | 주요 표현 |
> - 시장
> - 자주
> - 물건
> - 구경
> - 가깝다
>
> The content is about liking to look around the market even though they don't buy things there.
>
> | Key expressions |
> - market
> - often
> - things
> - looking around
> - to be close

정답 answer ④

☑ 주요 표현 Key expressions

- **시간이 있다** to have time

  저는 시간이 있을 때 음악을 듣습니다. I listen to music when I have time.

- **사진을 찍다** to take pictures

  저는 음식을 먹기 전에 사진을 찍습니다. I take pictures before eating food.

- **아름답다** to be beautiful

  밤에 보는 도시가 정말 아름답습니다. The city at night is really beautiful.

- **경치** scenery

  산 위에서 보는 경치가 멋있습니다. The view from the top of the mountain is wonderful.

- **주말** weekend

  주중에는 회사에서 일하고 주말에 쉽니다. I work at the company during the weekdays and rest on weekends.

- **시장** market

  시장에 가면 백화점보다 싸게 살 수 있습니다. You can buy things cheaper at the market than at a department store.

- **자주** often

  저는 노래를 좋아해서 자주 노래방에 갑니다. I like singing, so I often go to karaoke.

- **물건** things

  시장에 여러 가지 물건이 있습니다. There are various things at the market.

- **구경** looking around

  여행을 가서 여기저기 구경을 하고 싶습니다. I want to go sightseeing here and there when I travel.

- **가깝다** to be close

  집에서 회사까지 아주 가까워서 5분 정도 걸립니다. It's very close from my house to the company, so it takes about 5 minutes.

2 중심 내용 찾기 Finding the main idea

【 토픽I 48번 문제 A 】

- 무엇에 대해서 설명하는지 알아야 한다. You need to understand what the content is about.
- 중심 문장을 찾아야 한다. You need to find the main sentence.

※ [46~48] 다음을 읽고 중심 내용을 고르십시오.

48. (2점)

> 집에 책상이 없어서 일하기가 불편합니다. 그래서 오늘 작은 책상을 사려고 합니다. 비싸지 않은 책상이 있었으면 좋겠습니다.

① 저는 일이 많아서 불편합니다.
② 저는 싼 책상을 사고 싶습니다.
③ 저는 책상이 필요하지 않습니다.
④ 저는 편한 책상을 사려고 합니다.

풀이 explanation

비싸지 않은 책상을 사고 싶다는 내용이다.

| 주요 표현 |
- 책상
- 일하다
- 불편하다
- 작다
- 비싸다

The content is about wanting to buy a desk that is not expensive.

| Key expressions |
- desk
- to work
- to be inconvenient
- to be small
- to be expensive

정답 answer ②

【토픽I 48번 문제 B】

> 전략 strategy
> - 무엇에 대해서 설명하는지 알아야 한다. You need to understand what the content is about.
> - 중심 문장을 찾아야 한다. You need to find the main sentence.

※ [46~48] 다음을 읽고 중심 내용을 고르십시오.

48. (2점)

> 내일은 제 생일입니다. 그래서 고향 음식을 준비하고 친구들을 초대할 겁니다. 친구들이 많이 왔으면 좋겠습니다.

① 저는 고향 음식을 먹고 싶습니다.
② 저는 친구의 생일 파티에 갔습니다.
③ 저는 생일에 친구를 초대하겠습니다.
④ 저는 고향 친구를 많이 사귀고 싶습니다.

> **풀이 explanation**
>
> 생일에 고향 음식을 준비하고 친구들을 초대하겠다는 내용이다.
>
> | 주요 표현 |
> - 생일
> - 고향
> - 준비하다
> - 초대하다
>
> The content is about preparing hometown food on one's birthday and inviting friends.
>
> | Key expressions |
> - birthday
> - hometown
> - to prepare
> - to invite

정답 answer ③

☑ 주요 표현 Key expressions

- **책상** desk

  교실에 책상과 의자가 많습니다. There are many desks and chairs in the classroom.

- **일하다** to work

  저는 회사에서 매일 8시간 일합니다. I work 8 hours every day at the company.

- **불편하다** to be inconvenient

  기숙사에서 요리할 수 없어서 불편합니다. It is inconvenient because I can't cook in the dormitory.

- **작다** to be small

  방이 작아서 큰 방으로 이사하고 싶습니다. The room is small, so I want to move to a bigger room.

- **비싸다** to be expensive

  겨울에는 과일과 채소가 비쌉니다. Fruits and vegetables are expensive in winter.

- **생일** birthday

  저는 생일에 선물을 많이 받았습니다. I received many gifts on my birthday.

- **고향** hometown

  저는 한국에 있지만 부모님은 고향에 계십니다. I am in Korea, but my parents are in my hometown.

- **준비하다** to prepare

  저는 김밥을 준비하고 친구는 음료수를 준비했습니다. I prepared gimbap and my friend prepared drinks.

- **초대하다** to invite

  저는 새 집에 친구들을 초대했습니다. I invited my friends to my new house.

2 중심 내용 찾기 Finding the main idea

【토픽Ⅰ 52번 문제 】

전략 strategy
- 무엇에 대해서 설명하는지 알아야 한다. You need to understand what the content is about.
- 중심 내용을 이해해야 한다. You need to find the main sentence.

※ [52~53] 다음을 읽고 물음에 답하십시오.

> 인주시에서는 주말에 '차 없는 거리'를 만듭니다. 주말에는 시청 근처에 사람들이 많이 모입니다. 그래서 차가 다니면 위험합니다. 주말에 차가 없어서 사람들이 안전하게 거리를 구경할 수 있습니다. 거리에서 노래를 부르는 사람도 있고 춤을 추는 사람도 있습니다.

52. 무엇에 대한 내용인지 맞는 것을 고르십시오. (2점)

① 차 없는 거리가 있는 위치
② 차 없는 거리에 가는 방법
③ 차 없는 거리를 만든 이유
④ 차 없는 거리를 만든 사람

풀이 explanation

주말에 사람들이 많이 모이는 곳에 차가 다니면 위험하기 때문에 차 없는 거리를 만든다는 내용이다.

| 주요 표현 |
- 거리
- 모이다
- 그래서
- 다니다
- 안전하다

The content is about creating a car-free street because it's dangerous for cars to pass through places where people gather on weekends.

| Key expressions |
- street
- to gather
- so
- to attend
- to be safe

정답 answer ③

【토픽Ⅰ 52번 문제 B】

- 무엇에 대해서 설명하는지 알아야 한다. You need to understand what the content is about.
- 중심 내용을 이해해야 한다. You need to find the main sentence.

※ [52~53] 다음을 읽고 물음에 답하십시오.

> 요즘 청소년들에게 인기가 있는 직업은 연예인입니다. 전에는 선생님이나 공무원이 인기가 있었습니다. 하지만 영화나 드라마가 인기가 많아져서 배우가 되고 싶어 하는 사람이 많습니다. 그리고 가수가 되려고 하는 사람도 많습니다.

52. 무엇에 대한 내용인지 맞는 것을 고르십시오. (2점)

① 연예인이 되는 방법
② 연예인을 좋아하는 이유
③ 인기가 많은 영화와 드라마
④ 청소년들이 좋아하는 직업

풀이 explanation

청소년들에게 인기가 있는 직업은 연예인이라는 내용이다.

| 주요 표현 |
- 인기
- 직업
- 연예인
- 하지만

The content is that the most popular job among teenagers is being a celebrity.

| Key expressions |
- popular
- job
- celebrity
- but

정답 answer ④

☑ 주요 표현 Key expressions

- **거리** street

  밤에는 거리에 사람이 적습니다. There are few people on the street at night.

- **모이다** to gather

  크리스마스에 가족들이 모여서 파티를 합니다. Families gather for a party on Christmas.

- **그래서** so

  날씨가 아주 덥습니다. 그래서 운동을 하기가 힘듭니다. The weather is very hot. So it's hard to exercise.

- **다니다** to attend

  형이 다니는 대학교에 가서 여기저기를 구경했습니다. I went to the university my older brother attends and looked around.

- **안전하다** to be safe

  아이들은 안전한 곳에서 놀아야 합니다. Children should play in a safe place.

- **인기** popular

  요즘 한국 가수들이 인기가 많습니다. Korean singers are very popular these days.

- **직업** job

  보통 학교를 졸업한 후에 직업을 찾습니다. People usually look for a job after graduating from school.

- **연예인** celebrity

  저는 텔레비전에 나오는 연예인이 되고 싶습니다. I want to be a celebrity who appears on TV.

- **하지만** but

  저는 아주 피곤합니다. 하지만 쉴 수 없습니다. I'm very tired. But I can't rest.

2 중심 내용 찾기 Finding the main idea

【토픽I 63번 문제 】

> **전략 strategy**
> - 무엇에 대해서 설명하는지 알아야 한다. You need to understand what the content is about.
> - 글을 쓴 목적을 이해해야 한다. You need to understand the purpose for which the text was written.

※ [63~64] 다음을 읽고 물음에 답하십시오.

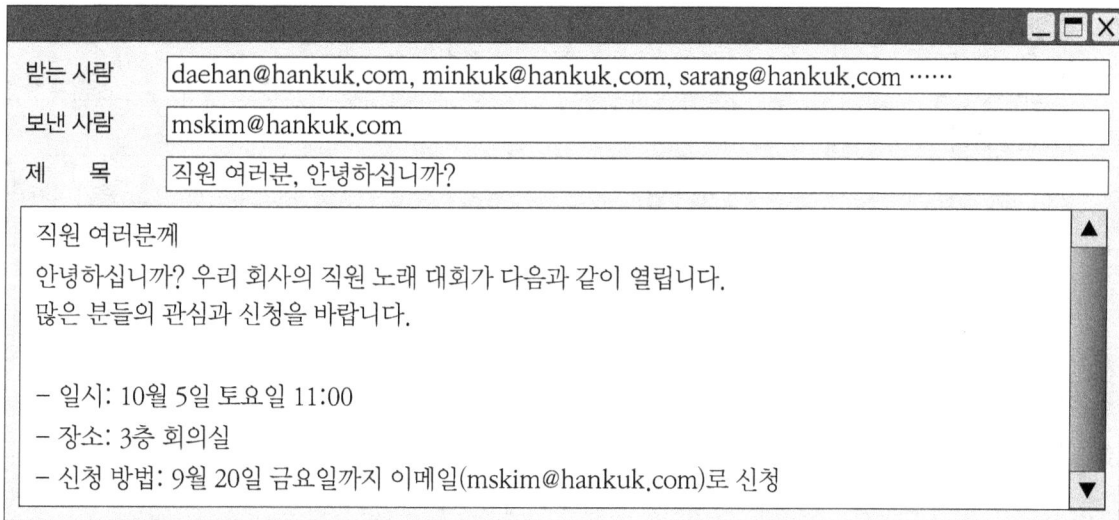

63. 왜 윗글을 썼는지 맞는 것을 고르십시오. (2점)

① 노래 대회 날짜를 바꾸려고
② 노래 대회 신청을 받으려고
③ 노래 대회 장소를 찾으려고
④ 노래 대회 준비를 설명하려고

> **풀이 explanation**
>
> 직원 노래 대회에 신청을 받기 위해서 보낸 이메일이다.
>
> | 주요 표현 |
> - 직원
> - 대회
> - 열리다
> - 신청
>
> This is an email sent to receive applications for the employee singing contest.
>
> | Key expressions |
> - employee
> - contest
> - to be held
> - application

정답 answer ②

【토픽I 63번 문제 B】

전략 strategy
- 무엇에 대해서 설명하는지 알아야 한다. You need to understand what the content is about.
- 글을 쓴 목적을 이해해야 한다. You need to understand the purpose for which the text was written.

※ [63~64] 다음을 읽고 물음에 답하십시오.

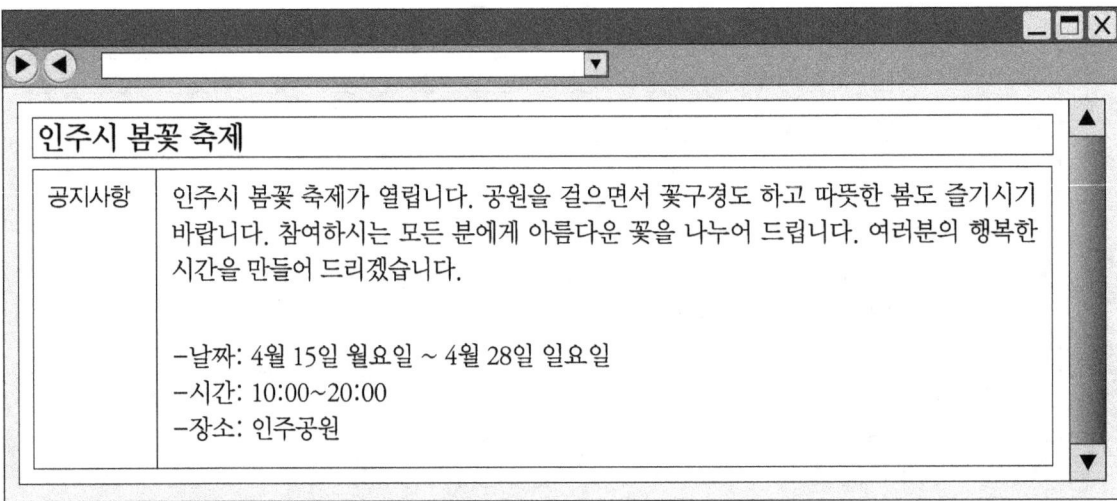

63. 왜 윗글을 썼는지 맞는 것을 고르십시오. (2점)

① 꽃 축제를 계획하려고

② 꽃 축제에서 꽃을 팔려고

③ 꽃 축제의 내용을 알리려고

④ 꽃 축제의 참여 방법을 설명하려고

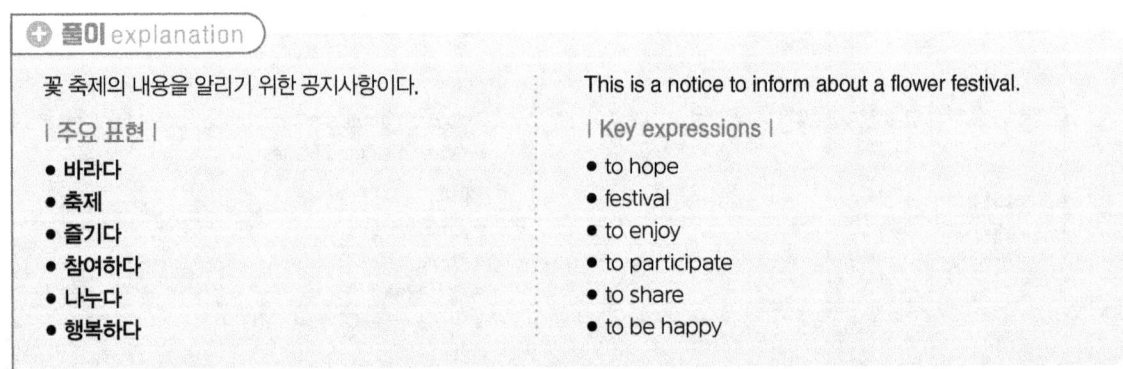

정답 answer ③

☑ 주요 표현 Key expressions

- **직원** employee

  회사 식당은 직원들만 이용할 수 있습니다. The company cafeteria can only be used by employees.

- **대회** contest

  저는 걷기 대회에 참가하고 싶습니다. I want to participate in the walking contest.

- **열리다** to be held

  주말에 열리는 축구시합을 보러 가고 싶습니다. I want to go see the soccer match that will be held on the weekend.

- **신청** application

  이번 주까지 수업을 신청해야 합니다. You need to apply for the class by this week.

- **바라다** to hope

  저는 가족의 행복을 바랍니다. I wish for my family's happiness.

- **축제** festival

  축제에 가면 다양한 행사도 구경하고 맛있는 음식도 먹습니다. When you go to a festival, you can see various events and eat delicious food.

- **즐기다** to enjoy

  요즘 골프를 즐기는 사람들이 많습니다. Many people enjoy golf these days.

- **참여하다** to participate

  학생들이 노인을 돕는 봉사활동에 참여합니다. Students participate in volunteer activities to help the elderly.

- **나누다** to share

  저는 김밥을 만들어서 친구들과 나누어 먹었습니다. I made gimbap and shared it with my friends.

- **행복하다** to be happy

  저는 가족과 같이 있을 때 행복합니다. I am happy when I am with my family.

유형2 표현 익히기 Type2 Learning expressions

문제 번호	표현	영어	중국어	일본어	베트남어
31	떡볶이	tteokbokki	炒年糕	トッポッキ	tokbokki (bánh gạo cay)
	맛있다	to be delicious	好吃	美味しい	ngon
	지금	now	现在	今	bây giờ
	오늘	today	今天	今日	hôm nay
32	비가 오다	to rain	下雨	雨が降る	trời mưa
	우산	umbrella	雨伞	傘	ô (dù)
	쓰다	to put up	戴	さす	đội
	백화점	department store	百货商店	デパート	trung tâm thương mại
	물건	things	东西	物	đồ vật
	사다	to buy	买	買う	mua
33	선물	present	礼物	プレゼント	quà
	받다	to receive	收到	貰う	nhận
	기분	feeling	心情	気分	tâm trạng
	우체국	post office	邮局	郵便局	bưu điện
	옆	next to	旁边	横	bên cạnh
46	살다	to live	生活	住む	sống
	만들다	to make	做	作る	làm
	요리	cooking	料理	料理	món ăn
	배우다	to learn	学习	習う	học
	외국어	foreign language	外语	外国語	ngoại ngữ
	여러	various	很多	いろいろ	nhiều
	해외여행	overseas travel	海外旅行	海外旅行	du lịch nước ngoài
47	시간이 있다	to have time	有时间	時間がある	có thời gian
	사진을 찍다	to take pictures	拍照	写真を撮る	chụp ảnh
	아름답다	to be beautiful	美丽	美しい	đẹp
	경치	scenery	风景	景色	phong cảnh
	주말	weekend	周末	週末	cuối tuần
	시장	market	市场	市場	chợ
	자주	often	经常	よく	thường xuyên
	물건	things	东西	物	đồ vật

문제 번호	표현	영어	중국어	일본어	베트남어
	구경	looking around	逛	見物	xem
	가깝다	to be close	近	近い	gần
	책상	desk	书桌	机	bàn làm việc
	일하다	to work	工作	働く	làm việc
	불편하다	to be inconvenient	不方便	不便だ	bất tiện
	작다	to be small	小	小さい	nhỏ
48	비싸다	to be expensive	贵	高い	đắt
	생일	birthday	生日	誕生日	sinh nhật
	고향	hometown	家乡	故郷	quê hương
	준비하다	to prepare	准备	準備する	chuẩn bị
	초대하다	to invite	邀请	招待する	mời
	거리	street	街道	通り	đường phố
	모이다	to gather	聚集	集まる	tụ tập
	그래서	therefore	所以	だから	vì vậy
	다니다	to attend	上	通う	thường xuyên lui tới (đi học)
52	안전하다	to be safe	安全	安全だ	an toàn
	인기	popular	人气	人気	nổi tiếng
	직업	job	职业	職業	nghề nghiệp
	연예인	celebrity	艺人	芸能人	người nổi tiếng
	하지만	but	但是	しかし	nhưng mà
	직원	employee	职员	社員	nhân viên
	대회	contest	大会	大会	đại hội
	열리다	to be held	举行	開催される	được tổ chức
	신청	application	申请	申し込み	đăng ký
	바라다	to hope	希望	願う	mong muốn
63	축제	festival	节日	祭り	lễ hội
	즐기다	to be enjoy	享受	楽しむ	tận hưởng
	참여하다	to participate	参加	参加する	tham gia
	나누다	to share	分享	分け合う	chia sẻ
	행복하다	to be happy	幸福	幸せだ	hạnh phúc

유형 3

세부 내용 이해하기
Understanding specific details

---

1 광고의 내용 이해하기 Understanding the content of advertisements
　토픽 I 읽기 40, 41번 문제

---

2 문자메시지의 내용 이해하기 Understanding the content of text messages
　토픽 I 읽기 42번 문제

---

3 글의 내용 이해하기 Understanding the content of texts
　토픽 I 읽기 43번, 44번, 45번, 50번, 54번, 56번, 60번, 62번, 64번, 66번, 68번, 70번 문제

---

4 문맥에 맞는 내용 찾기 Finding content that fits the context
　토픽 I 읽기 55번, 59번, 61번, 67번, 69번 문제

---

5 글의 순서 파악하기 Understanding the order of the text
　토픽 I 읽기 57번, 58번 문제

유형3 표현 익히기 Type3 Learning expressions

 광고의 내용 이해하기 Understanding the content of advertisements

【토픽Ⅰ 40번 문제 A】

전략 strategy
- 무엇에 대한 내용인지 알아야 한다. You need to understand what the content is about.
- 그림에 있는 광고의 내용을 이해해야 한다. You need to understand the content of the advertisement in the picture.

※ [40~42] 다음을 읽고 맞지 <u>않는</u> 것을 고르십시오. (각 3점)

40.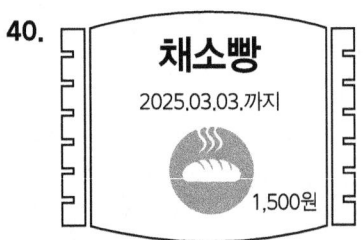

① 천 원입니다.
② 채소 맛입니다.
③ 이것은 빵입니다.
④ 삼월 삼일까지 팝니다.

풀이 explanation

이 빵의 값은 '천오백 원'이다.

| 주요 표현 |
- 채소
- 빵
- 원
- 까지

The price of this bread is '1,500 won'.

| Key expressions |
- vegetables
- bread
- won
- until

정답 answer ①

【토픽Ⅰ 40번 문제 B】

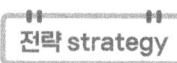

- 무엇에 대한 내용인지 알아야 한다. You need to understand what the content is about.
- 그림에 있는 광고의 내용을 이해해야 한다. You need to understand the content of the advertisement in the picture.

※ [40~42] 다음을 읽고 맞지 <u>않는</u> 것을 고르십시오. (각 3점)

40.

① 천 원입니다.
② 딸기 맛입니다.
③ 시월까지 팝니다.
④ 아이스크림입니다.

이 아이스크림은 '칠월 십오일'까지 팔 수 있다.	This ice cream can be sold until 'July 15th'.
ǀ 주요 표현 ǀ ● 아이스크림 ● 딸기 ● 맛	ǀ Key expressions ǀ ● ice cream ● strawberry ● flavor

정답 answer ③

☑ 주요 표현 Key expressions

- **채소** vegetables

  고기보다 채소가 건강에 좋습니다. Vegetables are healthier than meat.

- **빵** bread

  저는 아침에 빵과 커피를 먹습니다. I eat bread and coffee in the morning.

- **원** won

  한국 돈은 1원, 10원, 50원, 100원, 500원, 1,000원, 5,000원, 10,000원, 50,000원이 있습니다. Korean currency includes 1 won, 10 won, 50 won, 100 won, 500 won, 1,000 won, 5,000 won, 10,000 won, and 50,000 won.

- **까지** until

  월요일부터 금요일까지 학교에 갑니다. I go to school from Monday to Friday.

- **아이스크림** ice cream

  아이스크림은 시원하고 답니다. Ice cream is cold and sweet.

- **딸기** strawberry

  저는 과일 중에서 딸기를 제일 좋아합니다. I like strawberries the most out of all fruits.

- **맛** flavor

  저는 포도 맛 사탕을 좋아합니다. I like grape flavored candy.

1 광고의 내용 이해하기 Understanding the content of advertisements

【토픽I 41번 문제 A】

전략 strategy

- 무엇에 대한 내용인지 알아야 한다. You need to understand what the content is about.
- 그림에 있는 광고의 내용을 이해해야 한다. You need to understand the content of the advertisement in the picture.

※ [40~42] 다음을 읽고 맞지 <u>않는</u> 것을 고르십시오. (각 3점)

41.

① 학교를 소개합니다.
② 같이 점심을 먹습니다.
③ 오후 두 시에 끝납니다.
④ 재학생들이 모두 만납니다.

풀이 explanation

이 모임은 신입생들을 위한 오리엔테이션이다.

| 주요 표현 |
- 신입생
- 모임
- 오리엔테이션
- 소개
- 식사

This gathering is an orientation for new students.

| Key expressions |
- freshman
- gathering
- orientation
- introduce
- meal

정답 answer ④

【토픽 I 41번 문제 B】

> **전략 strategy**
> - 무엇에 대한 내용인지 알아야 한다. You need to understand what the content is about.
> - 그림에 있는 광고의 내용을 이해해야 한다. You need to understand the content of the advertisement in the picture.

※ [40~42] 다음을 읽고 맞지 <u>않는</u> 것을 고르십시오. (각 3점)

41.

중고 책상을 팝니다.
나무로 만든 책상
넓고 편한 책상
연락처: 010-1234-5678

① 나무 책상입니다.
② 책상이 넓습니다.
③ 의자도 있습니다.
④ 새 책상이 아닙니다.

> **풀이 explanation**
>
> 이 광고는 나무로 만든 책상을 파는 광고이다.
>
> | 주요 표현 |
> - 중고
> - 팔다
> - 나무
> - 넓다
> - 연락처
>
> This advertisement is for a desk made of wood.
>
> | Key expressions |
> - secondhand
> - to sell
> - tree
> - to be wide
> - contact information

정답 answer ③

☑ 주요 표현 Key expressions

- **신입생** freshman

  동생은 대학교 1학년 신입생입니다. My younger sibling is a freshman in university.

- **모임** gathering

  저는 고등학교 친구 모임과 대학교 친구 모임에 갑니다. I go to high school friend gatherings and university friend gatherings.

- **오리엔테이션** orientation

  오리엔테이션에서 선생님과 친구들을 처음 만납니다. I meet teachers and friends for the first time at orientation.

- **소개** introduce

  처음 만나면 자기소개를 합니다. When you meet someone for the first time, you introduce yourself.

- **식사** meal

  저는 매일 아침, 점심, 저녁 세 번 식사를 합니다. I have three meals a day: breakfast, lunch, and dinner.

- **중고** secondhand

  새 책상보다 중고 책상이 쌉니다. Used desks are cheaper than new desks.

- **팔다** to sell

  백화점에서 파는 물건이 비쌉니다. Things sold at department stores are expensive.

- **나무** tree

  산에 여러 가지 나무가 많습니다. There are many different kinds of trees in the mountains.

- **넓다** to be wide

  넓은 운동장에서 학생들이 축구를 합니다. Students are playing soccer on the wide playground.

- **연락처** contact information

  연락처에 전화번호나 이메일 주소를 쓰면 됩니다. You can write your phone number or email address in the contact information section.

2 문자메시지의 내용 이해하기 Understanding the content of text messages

【 토픽I 42번 문제 A 】

전략 strategy
- 무엇에 대한 내용인지 알아야 한다. You need to understand what the content is about.
- 그림에 있는 문자메시지의 내용을 이해해야 한다. You need to understand the content of the text message in the picture.

※ [40~42] 다음을 읽고 맞지 <u>않는</u> 것을 고르십시오. (각 3점)

42.

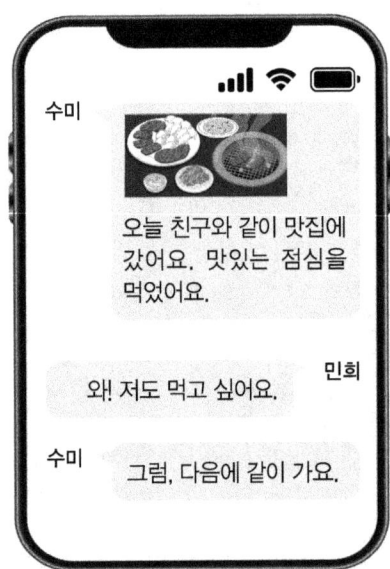

① 수미 씨는 오늘 식당에 갔습니다.
② 수미 씨는 친구와 점심을 먹었습니다.
③ 수미 씨가 먹은 음식이 맛있었습니다.
④ 수미 씨와 민희 씨가 지금 식당에 있습니다.

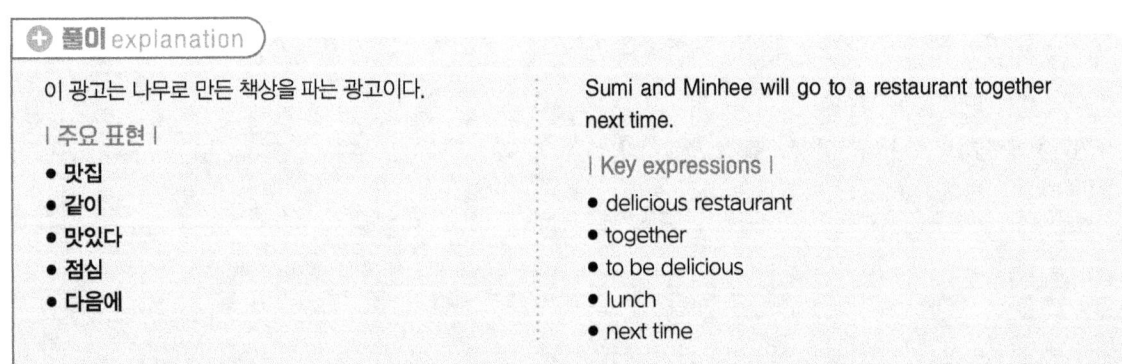

풀이 explanation

이 광고는 나무로 만든 책상을 파는 광고이다.

| 주요 표현 |
- 맛집
- 같이
- 맛있다
- 점심
- 다음에

Sumi and Minhee will go to a restaurant together next time.

| Key expressions |
- delicious restaurant
- together
- to be delicious
- lunch
- next time

정답 answer ④

【토픽I 42번 문제 B】

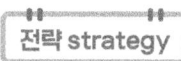

- 무엇에 대한 내용인지 알아야 한다. You need to understand what the content is about.
- 그림에 있는 문자메시지의 내용을 이해해야 한다. You need to understand the content of the text message in the picture.

※ [40~42] 다음을 읽고 맞지 <u>않는</u> 것을 고르십시오. (각 3점)

42.

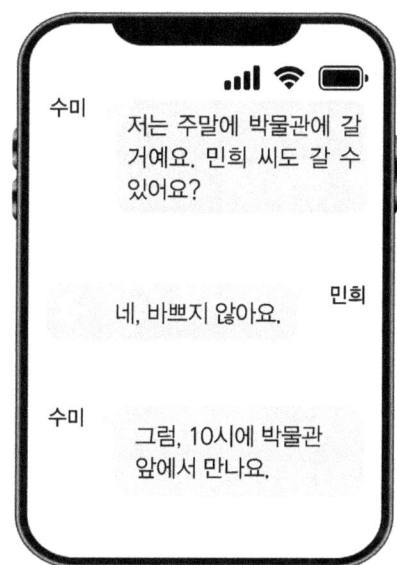

수미: 저는 주말에 박물관에 갈 거예요. 민희 씨도 갈 수 있어요?

민희: 네, 바쁘지 않아요.

수미: 그럼, 10시에 박물관 앞에서 만나요.

① 수미 씨는 박물관에 가겠습니다.
② 민희 씨는 주말에 시간이 있습니다.
③ 수미 씨와 민희 씨가 오늘 만납니다.
④ 민희 씨는 박물관에 갈 수 있습니다.

풀이 explanation

수미 씨와 민희 씨는 주말에 만날 것이다.

| 주요 표현 |
- 주말
- 박물관
- 바쁘다
- 앞
- 만나다

Sumi and Minhee will meet on the weekend.

| Key expressions |
- weekend
- museum
- to be busy
- front
- to meet

정답 answer ③

☑ 주요 표현 Key expressions

- **맛집** delicious restaurant

  사람들이 맛집에서 식사를 하려고 줄을 서서 기다립니다. People line up to eat at delicious restaurants.

- **같이** together

  지금 저는 부모님과 같이 삽니다. I currently live with my parents.

- **맛있다** to be delicious

  맛있는 음식을 먹으면 행복합니다. Eating delicious food makes me happy.

- **점심** lunch

  저는 보통 12시에 점심을 먹습니다. I usually eat lunch at 12 o'clock.

- **다음에** next time

  다음에 한국에 오면 제주도에 가고 싶습니다. I want to go to Jeju Island next time I come to Korea.

- **주말** weekend

  저는 주말에 시간이 있어서 등산을 합니다. I have time on weekends, so I go hiking.

- **박물관** museum

  자동차 박물관에서 여러 가지 자동차를 구경했습니다. I saw various cars at the car museum.

- **바쁘다** to be busy

  저는 요즘 일이 많아서 바쁩니다. I'm busy these days because I have a lot of work.

- **앞** front

  저는 극장 앞에서 친구를 기다렸습니다. I waited for my friend in front of the theater.

- **만나다** to meet

  저는 보통 커피숍에서 친구를 만납니다. I usually meet my friends at a coffee shop.

3 글의 내용 이해하기 Understanding the content of texts

【토픽I 43번 문제 】

> 전략 strategy
> - 무엇에 대한 내용인지 알아야 한다. You need to understand what the content is about.
> - 글의 전체 내용을 자세히 이해해야 한다. You need to understand the overall content of the text in detail.

※ [43~45] 다음을 읽고 내용이 같은 것을 고르십시오.

43. (3점)

> 저는 운동을 좋아합니다. 그래서 자주 체육관에 갑니다. 오늘은 친구와 집 근처 공원에서 농구를 할 겁니다.

① 저는 오늘 농구를 할 겁니다.
② 저는 오늘 체육관에 갈 겁니다.
③ 저는 운동을 좋아하지 않습니다.
④ 저는 매일 친구와 운동을 합니다.

> 풀이 explanation
>
> 나는 오늘 친구와 농구를 할 것이다. 각 선택지의 맞는 설명은 다음과 같다.
> ① 저는 오늘 친구와 농구를 할 겁니다.
> ② 저는 오늘 집 근처 공원에 갈 겁니다.
> ③ 저는 운동을 좋아합니다.
> ④ 저는 오늘 친구와 운동을 할 겁니다.
>
> | 주요 표현 |
> - 그래서
> - 체육관
> - 자주
> - 근처
>
> I will play basketball with my friend today. The correct explanations for each choice are as follows.
> ① I'm going to play basketball with my friend today.
> ② I'm going to the park near my house today.
> ③ I like exercising.
> ④ I will exercise with my friend today.
>
> | Key expressions |
> - so
> - gym
> - often
> - near

정답 answer ①

【토픽I 43번 문제 B】

전략 strategy

- 무엇에 대한 내용인지 알아야 한다. You need to understand what the content is about.
- 글의 전체 내용을 자세히 이해해야 한다. You need to understand the overall content of the text in detail.

※ [43~45] 다음을 읽고 내용이 같은 것을 고르십시오.

43. (3점)

> 저는 한국 음식을 좋아합니다. 하지만 한국 음식을 만들지 못합니다. 오늘 저녁에 친구와 약속이 있습니다. 친구와 같이 불고기를 먹을 겁니다.

① 저는 오늘 약속이 없습니다.
② 저는 한국 음식을 잘 만듭니다.
③ 저는 친구와 한국 음식을 만들 겁니다.
④ 저는 오늘 저녁에 불고기를 먹을 겁니다.

풀이 explanation

나는 오늘 저녁에 친구를 만나서 불고기를 먹을 것이다. 각 선택지의 맞는 설명은 다음과 같다.

① 저는 오늘 친구와 약속이 있습니다.
② 저는 한국 음식을 만들지 못합니다.
③ 저는 친구와 한국 음식을 먹을 겁니다.
④ 저는 오늘 저녁에 불고기를 먹을 겁니다.

| 주요 표현 |
- 하지만
- 못하다
- 저녁
- 약속
- 같이

I will meet my friend tonight and eat bulgogi. The correct explanations for each choice are as follows.

① I have an appointment with my friend today.
② I can't cook Korean food.
③ I will eat Korean food with my friend.
④ I will eat bulgogi tonight.

| Key expressions |
- but
- cannot
- evening
- appointment
- together

정답 answer ④

☑ 주요 표현 Key expressions

- **그래서** so

  다음 주에 시험이 있습니다. 그래서 이번 주에 열심히 공부할 겁니다. There is an exam next week. So I will study hard this week.

- **체육관** gym

  사람들이 체육관에서 운동을 합니다. People exercise at the gym.

- **자주** often

  저는 쇼핑을 좋아합니다. 그래서 자주 쇼핑을 합니다. I like shopping. So I go shopping often.

- **근처** near

  지하철역 근처에 식당이 많습니다. There are many restaurants near the subway station.

- **하지만** but

  저는 여행을 좋아합니다. 하지만 시간이 없어서 여행을 갈 수 없습니다. I like traveling. But I can't go on a trip because I don't have time.

- **못하다** cannot

  저는 노래를 잘하지 못합니다. I can't sing well.

- **저녁** evening

  날씨가 덥지만 저녁에는 조금 시원합니다. The weather is hot, but it's a little cool in the evening.

- **약속** appointment

  주말에 친구들과 약속이 있습니다. I have an appointment with my friends on the weekend.

- **같이** together

  저는 부모님과 같이 삽니다. I live with my parents.

3 글의 내용 이해하기 Understanding the content of texts

【토픽Ⅰ 44번 문제 A】

전략 strategy

- 무엇에 대한 내용인지 알아야 한다. You need to understand what the content is about.
- 글의 전체 내용을 자세히 이해해야 한다. You need to understand the overall content of the text in detail.

※ [43~45] 다음을 읽고 내용이 같은 것을 고르십시오.

44. (2점)

> 어제는 제 생일이었습니다. 친구들이 저에게 선물을 많이 주었습니다. 우리는 노래방에서 즐겁게 놀았습니다.

① 어제는 친구 생일이었습니다.
② 저는 친구에게 선물을 주었습니다.
③ 저는 친구들과 노래방에 갔습니다.
④ 어제 친구들이 우리 집에 놀러 왔습니다.

풀이 explanation

나는 친구들과 노래방에서 즐겁게 놀았다. 각 선택지의 맞는 설명은 다음과 같다.

① 어제는 제 생일이었습니다.
② 친구들이 저에게 선물을 주었습니다.
③ 저는 친구들과 노래방에서 즐겁게 놀았습니다.
④ 저는 어제 친구들과 노래방에 갔습니다.

| 주요 표현 |
- 생일
- 선물
- 노래방
- 즐겁다
- 놀다

I had fun with my friends at the karaoke room. The correct explanations for each choice are as follows.

① Yesterday was my birthday.
② My friends gave me presents.
③ I had fun with my friends at the karaoke room.
④ I went to the karaoke room with my friends yesterday.

| Key expressions |
- birthday
- present
- karaoke
- to be fun
- to play

정답 answer ③

【토픽Ⅰ 44번 문제 B】

> 전략 strategy
> - 무엇에 대한 내용인지 알아야 한다. You need to understand what the content is about.
> - 글의 전체 내용을 자세히 이해해야 한다. You need to understand the overall content of the text in detail.

※ [43~45] 다음을 읽고 내용이 같은 것을 고르십시오.

44. (2점)

> 오늘 친구와 백화점에 갔습니다. 친구가 바지를 한 벌 샀습니다. 우리는 백화점에서 재미있게 구경을 했습니다.

① 저는 어제 백화점에 갔습니다.
② 저는 백화점에서 옷을 샀습니다.
③ 친구하고 백화점에서 구경했습니다.
④ 친구는 백화점에서 물건을 안 샀습니다.

풀이 explanation

친구와 나는 백화점에서 구경을 했다. 각 선택지의 맞는 설명은 다음과 같다.

① 저는 오늘 백화점에 갔습니다.
② 친구가 백화점에서 옷을 샀습니다.
③ 친구하고 백화점에서 구경했습니다.
④ 친구가 백화점에서 옷을 샀습니다.

| 주요 표현 |
- 백화점
- 바지
- 벌
- 재미있다
- 구경하다

My friend and I went window shopping at the department store. The correct explanations for each choice are as follows.

① I went to the department store today.
② My friend bought clothes at the department store.
③ I went window shopping at the department store with my friend.
④ The friend bought clothes at the department store.

| Key expressions |
- department store
- pants
- counter for clothes
- to be fun
- to look around

정답 answer ③

☑ 주요 표현 Key expressions

- **생일** birthday

  제 생일은 5월 24일입니다. My birthday is May 24th.

- **선물** present

  사람들은 크리스마스에 선물을 주고받습니다. People give and receive gifts on Christmas.

- **노래방** karaoke

  저는 노래방에서 노래 연습을 합니다. I practice singing at the karaoke room.

- **즐겁다** to be fun

  저는 친구들과 놀이공원에 가서 즐겁게 놀았습니다. I had fun with my friends at the amusement park.

- **놀다** to play

  학교 운동장에서 아이들이 축구를 하면서 놉니다. Children play soccer in the school playground.

- **백화점** department store

  백화점은 시장보다 물건이 비쌉니다. Department stores have more expensive items than markets.

- **바지** pants

  저는 치마보다 바지를 좋아합니다. I like pants more than skirts.

- **벌** counter for clothes

  저는 코트가 여러 벌 있습니다. I have several coats.

- **재미있다** to be fun

  요즘 재미있는 인터넷 게임이 많습니다. There are many fun online games these days.

- **구경하다** to look around

  저는 한국에 와서 여기저기를 구경했습니다. I came to Korea and looked around here and there.

3 글의 내용 이해하기 Understanding the content of texts

【토픽I 45번 문제 】

> 전략 strategy
> - 무엇에 대한 내용인지 알아야 한다. You need to understand what the content is about.
> - 글의 전체 내용을 자세히 이해해야 한다. You need to understand the overall content of the text in detail.

※ [43~45] 다음을 읽고 내용이 같은 것을 고르십시오.

45. (3점)

> 저는 주말에 부산으로 여행을 갔습니다. 서울역에서 점심을 먹고 기차를 탔습니다. 부산에 도착해서 제일 먼저 바다를 보러 갔습니다.

① 저는 늦어서 기차를 못 탔습니다.
② 저는 기차에서 점심을 먹었습니다.
③ 저는 부산에서 바다를 보러 갔습니다.
④ 저는 주말에 여행을 가지 못했습니다.

> 풀이 explanation

나는 주말에 부산에 바다를 보러 갔다. 각 선택지의 맞는 설명은 다음과 같다. ① 저는 기차를 탔습니다. ② 저는 점심을 먹고 기차를 탔습니다. ③ 저는 부산에서 바다를 보러 갔습니다. ④ 저는 주말에 부산으로 여행을 갔습니다. | 주요 표현 | • 여행 • 역 • 점심 • 도착하다 • 제일	I went to Busan on the weekend to see the ocean. The correct explanations for each choice are as follows. ① I took the train. ② I ate lunch and then took the train. ③ I went to Busan to see the ocean. ④ I went on a trip to Busan on the weekend. | Key expressions | • travel • station • lunch • to arrive • most

정답 answer ③

【토픽I 45번 문제 B】

전략 strategy

● 무엇에 대한 내용인지 알아야 한다. You need to understand what the content is about.
● 글의 전체 내용을 자세히 이해해야 한다. You need to understand the overall content of the text in detail.

※ [43~45] 다음을 읽고 내용이 같은 것을 고르십시오.

45. (3점)

> 오늘 학교에서 시험이 있었습니다. 그래서 어제 도서관에서 늦게까지 공부를 했습니다. 시험이 어렵지 않았지만 시간이 많이 걸렸습니다.

① 저는 시험을 빨리 끝냈습니다.
② 저는 어제 시험공부를 했습니다.
③ 저는 시험 시간에 늦게 갔습니다.
④ 저는 늦어서 시험을 보지 못했습니다.

➕ 풀이 explanation

나는 어제 늦게까지 공부를 했다. 각 선택지의 맞는 설명은 다음과 같다.

① 시험이 어렵지 않았지만 시간이 많이 걸렸습니다.
② 저는 어제 도서관에서 시험공부를 했습니다.
③ 저는 시험 시간에 늦지 않았습니다.
④ 저는 시험을 봤습니다.

| 주요 표현 |
● 시험
● 도서관
● 늦게
● 어렵다
● 걸리다

I studied until late yesterday. The correct explanations for each choice are as follows.

① The exam wasn't difficult, but it took a long time.
② I studied for the exam at the library yesterday.
③ I wasn't late for the exam.
④ I took an exam.

| Key expressions |
● exam
● library
● late
● to be difficult
● to take (time)

정답 answer ②

☑ 주요 표현 Key expressions

- **여행** travel
  저는 여러 나라로 여행을 가고 싶습니다. I want to travel to many countries.

- **역** station
  집 근처에 지하철역이 있어서 편합니다. It's convenient because there's a subway station near my house.

- **점심** lunch
  아침을 못 먹어서 점심을 일찍 먹었습니다. I didn't eat breakfast, so I ate lunch early.

- **도착하다** to arrive
  저는 학교에 도착하면 커피를 마십니다. I drink coffee when I arrive at school.

- **제일** most
  한국 음식 중에서 비빔밥이 제일 맛있습니다. Bibimbap is the most delicious Korean food.

- **시험** exam
  학생들이 시험을 싫어합니다. Students dislike exams.

- **도서관** library
  저는 도서관에서 책을 읽습니다. I read books at the library.

- **늦게** late
  밤에 늦게 자면 아침에 늦게 일어납니다. If you go to bed late at night, you wake up late in the morning.

- **어렵다** to be difficult
  저는 한국어 문법이 어렵습니다. Korean grammar is difficult for me.

- **걸리다** to take (time)
  서울에서 부산까지 3시간 걸립니다. It takes 3 hours to get from Seoul to Busan.

3 글의 내용 이해하기 Understanding the content of texts

【토픽I 50번 문제 】

전략 strategy

- 무엇에 대한 내용인지 알아야 한다. You need to understand what the content is about.
- 글의 전체 내용을 자세히 이해해야 한다. You need to understand the overall content of the text in detail.

※ [49~50] 다음을 읽고 물음에 답하십시오. (각 2점)

> 저는 대학원에서 공부하는 학생입니다. 저는 재미있는 텔레비전 프로그램을 만들고 싶어서 대학원에 다닙니다. 수업이 많고 어려워서 힘들지만 열심히 공부하고 있습니다. 모르는 것이 있을 때 선배들이 많이 도와줍니다. 그래서 즐겁게 학교생활을 합니다. 그리고 친구들을 많이 사귀어서 좋습니다.

50. 윗글의 내용과 같은 것을 고르십시오.

① 저는 대학교에 다니는 대학생입니다.
② 수업이 많지 않지만 학교생활이 힘듭니다.
③ 모르는 것이 있을 때 선생님이 도와줍니다.
④ 저는 텔레비전 프로그램을 만들고 싶습니다.

풀이 explanation

나는 재미있는 텔레비전 프로그램을 만들고 싶어서 대학원에 다닌다. 각 선택지의 맞는 설명은 다음과 같다.

① 저는 대학원에 다니는 대학원생입니다.
② 수업이 많고 어렵지만 학교생활이 즐겁습니다.
③ 모르는 것이 있을 때 선배들이 도와줍니다.
④ 저는 재미있는 텔레비전 프로그램을 만들고 싶어서 대학원에 다닙니다.

| 주요 표현 |

- 대학원
- 다니다
- 모르다
- 선배
- 학교생활
- 사귀다

I'm attending graduate school because I want to make interesting TV programs. The correct explanations for each choice are as follows.

① I'm a graduate student attending graduate school.
② Even though the classes are many and difficult, I enjoy my school life.
③ When I have something I don't know, my seniors help me.
④ I'm attending graduate school because I want to make interesting television programs.

| Key expressions |

- graduate school
- to attend
- to not know
- senior
- school life
- to make friends

정답 answer ④

【토픽I 50번 문제 B】

- 무엇에 대한 내용인지 알아야 한다. You need to understand what the content is about.
- 글의 전체 내용을 자세히 이해해야 한다. You need to understand the overall content of the text in detail.

※ [49~50] 다음을 읽고 물음에 답하십시오. (각 2점)

> 저는 수영을 아주 좋아합니다. 그래서 여름에도 겨울에도 수영장에 자주 갑니다. 수영을 잘하지 못하지만 수영을 하면 기분이 좋아집니다. 스트레스도 풀리고 몸도 건강해집니다. 하지만 많이 피곤할 때는 수영장에 가지 않고 싶습니다. 그때는 집에서 음악도 듣고 영화도 봅니다.

50. 윗글의 내용과 같은 것을 고르십시오.

① 저는 수영을 아주 잘합니다.
② 저는 피곤할 때 수영을 합니다.
③ 저는 수영을 하면 기분이 좋아집니다.
④ 저는 추운 겨울에 수영장에 가지 않습니다.

풀이 explanation

나는 수영을 잘하지 못하지만 수영을 하면 기분이 좋아진다. 각 선택지의 맞는 설명은 다음과 같다.

① 저는 수영을 잘하지 못합니다.
② 저는 피곤할 때 수영장에 가지 않습니다.
③ 저는 수영을 하면 기분이 좋아집니다.
④ 저는 여름에도 겨울에도 수영장에 갑니다.

| 주요 표현 |
- 수영
- 기분
- 스트레스가 풀리다
- 건강해지다
- 피곤하다

I'm not good at swimming, but swimming makes me feel good. The correct explanations for each choice are as follows.

① I'm not good at swimming.
② I don't go to the swimming pool when I'm tired.
③ Swimming makes me feel good.
④ I go to the swimming pool in both summer and winter.

| Key expressions |
- swimming
- feeling
- to relieve stress
- to become healthy
- to be tired

정답 answer ③

☑ 주요 표현 Key expressions

- **대학원** graduate school

  저는 대학교를 졸업한 후에 대학원에 가고 싶습니다. I want to go to graduate school after I graduate from university.

- **다니다** to attend

  동생은 자동차를 만드는 회사에 다닙니다. My younger sibling works at a company that makes cars.

- **모르다** to not know

  저는 모르는 단어가 있을 때 인터넷에서 찾습니다. When I encounter a word I don't know, I look it up on the internet.

- **선배** senior

  회사에서 선배들이 후배들에게 일을 가르쳐 줍니다. At the company, seniors teach their juniors how to work.

- **학교생활** school life

  공부도 하고 친구도 만나니까 학교생활이 재미있습니다. School life is fun because I study and meet friends.

- **사귀다** to make friends

  저는 한국에서 친구를 많이 사귀고 싶습니다. I want to make many friends in Korea.

- **수영** swimming

  저는 바다에서 수영을 하고 싶습니다. I want to swim in the ocean.

- **기분** feeling

  저는 기분이 나쁠 때 음악을 들으면 기분이 좋아집니다. When I feel bad, listening to music makes me feel better.

- **스트레스가 풀리다** to relieve stress

  스트레스가 쌓일 때 운동을 하면 스트레스가 풀립니다. When I'm stressed, exercising helps me relieve stress.

- **건강해지다** to become healthy

  운동을 하고 좋은 음식을 먹으면 건강해집니다. Exercising and eating good food makes you healthy.

- **피곤하다** to be tired

  저는 하루 종일 일을 해서 지금 많이 피곤합니다. I worked all day, so I'm very tired now.

3 글의 내용 이해하기 Understanding the content of texts

【토픽I 54번 문제 A】

전략 strategy

- 무엇에 대한 내용인지 알아야 한다. You need to understand what the content is about.
- 글의 전체 내용을 자세히 이해해야 한다. You need to understand the overall content of the text in detail.

※ [53~54] 다음을 읽고 물음에 답하십시오.

> 저는 금요일에 수업이 없어서 친구와 여행을 갔습니다. 기차를 타고 싶었지만 예매를 하지 못해서 버스로 갔습니다. 버스에서 만난 분이 소개해 준 식당에서 맛있는 한식을 먹었습니다. 그리고 바다를 볼 수 있는 예쁜 카페에서 커피를 마셨습니다. 친구와 같이 있어서 정말 즐거웠습니다.

54. 다음을 읽고 물음에 답하십시오. (3점)

① 저는 혼자 여행을 갔습니다.
② 저는 카페에서 바다를 봤습니다.
③ 저는 일찍 기차표를 예매했습니다.
④ 저는 친구가 소개한 식당에 갔습니다.

풀이 explanation

나는 바다를 볼 수 있는 카페에서 커피를 마셨다. 각 선택지의 맞는 설명은 다음과 같다.

① 저는 친구와 같이 여행을 갔습니다.
② 저는 카페에서 바다를 봤습니다.
③ 저는 기차표를 예매하지 못했습니다.
④ 저는 버스에서 만난 분이 소개한 식당에 갔습니다.

| 주요 표현 |
- 수업
- 예매
- 소개하다
- 한식
- 즐겁다

I drank coffee at a cafe where I could see the ocean. The correct explanations for each choice are as follows.

① I went on a trip with my friend.
② I saw the ocean from the cafe.
③ I couldn't book a train ticket.
④ I went to a restaurant that someone I met on the bus recommended.

| Key expressions |
- class
- booking in advance
- to introduce
- Korean food
- to be fun

정답 answer ②

【토픽 I 54번 문제 B】

- 무엇에 대한 내용인지 알아야 한다. You need to understand what the content is about.
- 글의 전체 내용을 자세히 이해해야 한다. You need to understand the overall content of the text in detail.

※ [53~54] 다음을 읽고 물음에 답하십시오.

> 저는 오늘 친구들과 축구 시합을 보러 갔습니다. 구경하러 온 사람이 너무 많아서 깜짝 놀랐습니다. 우리는 좋아하는 선수들을 응원했습니다. 노래도 부르고 춤도 추면서 열심히 응원을 했습니다. 목이 아프고 힘들었지만 정말 재미있었습니다. 다음에 또 보러 가고 싶습니다.

54. 다음을 읽고 물음에 답하십시오. (3점)

① 저는 오늘 친구들과 축구를 했습니다.
② 저는 감기에 걸려서 목이 아팠습니다.
③ 저는 오늘 재미있는 시간을 보냈습니다.
④ 저는 좋아하는 선수를 보고 깜짝 놀랐습니다.

➕ 풀이 explanation

나는 오늘 축구 시합을 보러 가서 정말 재미있었다. 각 선택지의 맞는 설명은 다음과 같다.

① 저는 오늘 친구들과 축구 시합을 보러 갔습니다.
② 저는 열심히 응원을 해서 목이 아팠습니다.
③ 저는 오늘 재미있는 시간을 보냈습니다.
④ 저는 구경하러 온 사람이 많아서 깜짝 놀랐습니다.

| 주요 표현 |
- 시합
- 놀라다
- 춤을 추다
- 응원
- 아프다

I went to see a soccer game today and it was really fun. The correct explanations for each choice are as follows.

① I went to watch a soccer game with my friends today.
② I cheered so hard that my throat hurts.
③ I had a fun time today.
④ I was surprised that there were so many people there to watch.

| Key expressions |
- match
- to be surprised
- to dance
- cheer
- to be painful

정답 answer ③

☑ 주요 표현 Key expressions

- **수업** class

  저는 월요일부터 금요일까지 한국어 수업이 있습니다. I have Korean classes from Monday to Friday.

- **예매** booking in advance

  저는 고향에 가는 비행기표를 한 달 전에 예매했습니다. I booked my flight home a month in advance.

- **소개하다** to introduce

  친구가 저에게 한국 친구를 소개해 주었습니다. My friend introduced me to a Korean friend.

- **한식** Korean food

  저는 한식 중에서 비빔밥을 제일 좋아합니다. I like bibimbap the most out of all Korean food.

- **즐겁다** to be fun

  저는 친구들과 주말을 즐겁게 보냈습니다. I had a fun weekend with my friends.

- **시합** match

  저는 좋아하는 농구팀의 시합을 보러 갑니다. I go to watch my favorite basketball team's game.

- **놀라다** to be surprised

  요즘 채소값이 너무 비싸서 놀랐습니다. I was surprised that the price of vegetables is so high these days.

- **춤을 추다** to dance

  사람들이 음악을 들으면서 춤을 춥니다. People dance while listening to music.

- **응원** cheer

  선수들은 열심히 운동을 하고 사람들은 열심히 응원을 합니다. The athletes exercise hard and the people cheer hard.

- **아프다** to be painful

  어제 머리가 아파서 병원에 갔습니다. I had a headache yesterday, so I went to the hospital.

3 글의 내용 이해하기 Understanding the content of texts

【토픽I 56번 문제 】

전략 strategy

- 무엇에 대한 내용인지 알아야 한다. You need to understand what the content is about.
- 글의 전체 내용을 자세히 이해해야 한다. You need to understand the overall content of the text in detail.

※ [55~56] 다음을 읽고 물음에 답하십시오.

> 남산공원은 도시 안에 있어서 이용하기가 편리합니다. 그래서 운동하는 사람, 산책을 하는 사람들이 많습니다. 이곳에는 나무가 많아서 공기가 깨끗하기 때문에 사람들이 좋아합니다. 가까운 곳에서 일하는 회사원들은 점심을 먹은 후에 이곳을 찾습니다. 꽃과 나무를 보면서 잠깐 쉬면 기분이 좋아집니다.

56. 윗글의 내용과 같은 것을 고르십시오. (3점)

① 남산공원은 공기가 맑아서 좋습니다.
② 남산공원에서 운동을 할 수 없습니다.
③ 남산공원은 멀어서 이용하기가 어렵습니다.
④ 남산공원에서 점심을 먹는 사람이 많습니다.

풀이 explanation

남산공원은 공기가 깨끗하기 때문에 사람들이 좋아한다. 각 선택지의 맞는 설명은 다음과 같다.

① 남산공원은 공기가 맑아서 사람들이 좋아합니다.
② 남산공원에서 운동하는 사람이 많습니다.
③ 남산공원은 도시 안에 있어서 이용하기가 편리합니다.
④ 회사원들이 점심을 먹은 후에 남산공원에서 쉽니다.

| 주요 표현 |
- 도시
- 이용하다
- 편리하다
- 공기
- 쉬다

People like Namsan Park because the air is clean. The correct explanations for each choice are as follows.

① People like Namsan Park because the air is fresh.
② Many people exercise at Namsan Park.
③ Namsan Park is located within the city, so it's convenient to use.
④ Office workers rest at Namsan Park after lunch.

| Key expressions |
- city
- to use
- to be convenient
- air
- to rest

정답 answer ①

【토픽I 56번 문제 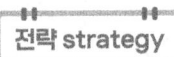】

전략 strategy

- 무엇에 대한 내용인지 알아야 한다. You need to understand what the content is about.
- 글의 전체 내용을 자세히 이해해야 한다. You need to understand the overall content of the text in detail.

※ [55~56] 다음을 읽고 물음에 답하십시오.

> 2000년에 문을 연 자동차 박물관에 사람들이 모였습니다. 이 박물관에서는 50년 동안 우리나라에서 만든 자동차들을 볼 수 있습니다. 특히 주말에는 새로 나온 자동차도 볼 수 있어서 많은 사람들이 이곳을 찾습니다. 자동차를 사고 싶은 사람들은 이곳에서 여러 가지 자동차를 구경하고 살 수 있습니다.

56. 윗글의 내용과 같은 것을 고르십시오. (3점)

① 이 박물관에서 자동차를 살 수 없습니다.
② 이 박물관은 50년 전부터 문을 열었습니다.
③ 이 박물관에서 새로 나온 자동차를 볼 수 있습니다.
④ 이 박물관은 주말에만 자동차를 구경할 수 있습니다.

풀이 explanation

이 박물관에서는 50년 동안 우리나라에서 만든 자동차도 볼 수 있고 새로 나온 자동차도 볼 수 있다. 각 선택지의 맞는 설명은 다음과 같다.

① 이 박물관에서 자동차를 구경하고 살 수 있습니다.
② 이 박물관은 2000년에 문을 열었습니다.
③ 이 박물관에서 새로 나온 자동차를 볼 수 있습니다.
④ 이 박물관은 주말에 새로 나온 자동차도 구경할 수 있습니다.

| 주요 표현 |
- 박물관
- 모이다
- 특히
- 새로
- 찾다

At this museum, you can see cars made in our country for 50 years and also newly released cars. The correct explanations for each choice are as follows.

① You can see and buy cars at this museum.
② This museum opened in 2000.
③ You can see newly released cars at this museum.
④ You can also see newly released cars at this museum on weekends.

| Key expressions |
- museum
- to gather
- especially
- new
- to find

정답 answer ③

☑ 주요 표현 Key expressions

- **도시** city

  도시에는 사람이 많고 자동차도 많아서 복잡합니다. Cities are crowded with many people and cars.

- **이용하다** to use

  학교 도서관을 이용하려면 학생증이 있어야 합니다. You need a student ID to use the school library.

- **편리하다** to be convenient

  집 근처에 여러 가게가 있어서 생활하기가 편리합니다. It's convenient to live near my house because there are many stores nearby.

- **공기** air

  저는 주말마다 산에 가서 깨끗한 공기를 마십니다. I go to the mountains every weekend to breathe fresh air.

- **쉬다** to rest

  저는 토요일과 일요일에는 일하지 않고 쉽니다. I don't work on Saturdays and Sundays, I rest.

- **박물관** museum

  박물관에 가면 옛날 물건을 구경할 수 있습니다. You can see old things at the museum.

- **모이다** to gather

  크리스마스 때 가족들이 모여서 즐겁게 지냅니다. Families gather and have a good time at Christmas.

- **특히** especially

  저는 과일을 아주 좋아하는데 특히 사과를 좋아합니다. I like fruits very much, especially apples.

- **새로** new

  컴퓨터가 고장이 나서 새로 샀습니다. I bought a new computer because my computer broke down.

- **찾다** to find

  제주도는 외국인이 많이 찾는 관광지입니다. Jeju Island is a tourist destination visited by many foreigners.

3 글의 내용 이해하기 Understanding the content of texts

【토픽I 60번 문제 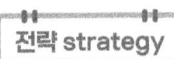】

전략 strategy

- 무엇에 대한 내용인지 알아야 한다. You need to understand what the content is about.
- 글의 전체 내용을 자세히 이해해야 한다. You need to understand the overall content of the text in detail.

※ [59~60] 다음을 읽고 물음에 답하십시오.

> 저는 학교 근처에 있는 원룸에 삽니다. 좀 비싸지만 학교가 가깝기 때문에 편합니다. 저는 버스나 지하철을 타지 않고 걸어서 학교에 갑니다. 날씨가 나쁠 때는 힘들지만 매일 운동을 할 수 있어서 좋습니다. 저는 수업이 끝나면 집에 가서 점심을 먹습니다. 인터넷을 보고 여러 가지 음식을 만드는 것이 재미있습니다.

60. 윗글의 내용과 같은 것을 고르십시오. (3점)

① 저는 원룸에 사는 것을 싫어합니다.
② 저는 학교에서 가까운 곳에 삽니다.
③ 저는 요리하지 않고 식당에서 먹습니다.
④ 저는 버스나 지하철을 타고 학교에 갑니다.

풀이 explanation

나는 학교에서 가까운 원룸에 산다. 각 선택지의 맞는 설명은 다음과 같다.

① 저는 원룸에 사는 것이 편합니다.
② 저는 학교에서 가까운 곳에 삽니다.
③ 저는 집에서 여러 가지 음식을 만들어서 먹습니다.
④ 저는 버스나 지하철을 타지 않고 걸어서 학교에 갑니다.

| 주요 표현 |
- 근처
- 비싸다
- 가깝다
- 힘들다
- 끝나다

I live in a studio apartment near the school. The correct explanations for each choice are as follows.

① I find living in a studio apartment convenient.
② I live near the school.
③ I cook various dishes at home to eat.
④ I walk to school instead of taking the bus or subway.

| Key expressions |
- near
- to be expensive
- to be close
- to be difficult
- to finish

정답 answer ②

【 토픽Ⅰ 60번 문제 B 】

- 무엇에 대한 내용인지 알아야 한다. You need to understand what the content is about.
- 글의 전체 내용을 자세히 이해해야 한다. You need to understand the overall content of the text in detail.

※ [59~60] 다음을 읽고 물음에 답하십시오.

> 저는 매일 학교에 가기 때문에 주중에는 시간이 없습니다. 그래서 주말에 집안일을 합니다. 청소도 하고 빨래도 합니다. 빨래는 세탁기가 있기 때문에 힘들지 않습니다. 하지만 청소는 좀 힘듭니다. 그래서 저는 청소할 때 좋아하는 음악을 듣습니다. 음악을 들으면서 청소를 하면 기분이 좋습니다.

60. 윗글의 내용과 같은 것을 고르십시오. (3점)

① 저는 매일 집안일을 합니다.
② 저는 주중에 바쁘지 않습니다.
③ 저는 빨래하기가 아주 힘듭니다.
④ 저는 청소할 때 음악을 듣습니다.

● 풀이 explanation

나는 음악을 들으면서 청소를 한다. 각 선택지의 맞는 설명은 다음과 같다.

① 저는 주말에 집안일을 합니다.
② 저는 주중에 시간이 없습니다.
③ 저는 세탁기로 빨래를 하기 때문에 힘들지 않습니다.
④ 저는 청소할 때 음악을 듣습니다.

| 주요 표현 |
- 매일
- 주중
- 집안일
- 빨래
- 청소

I clean while listening to music. The correct explanations for each choice are as follows.

① I do housework on weekends.
② I don't have time during the weekdays.
③ I don't find laundry tiring because I use a washing machine.
④ I listen to music when I clean.

| Key expressions |
- every day
- weekdays
- housework
- laundry
- cleaning

정답 answer ④

☑ 주요 표현 Key expressions

- **근처** near

  집 근처에 지하철역이 있어서 편합니다. It's convenient because there's a subway station near my house.

- **비싸다** to be expensive

  시장 물건보다 백화점 물건이 비쌉니다. Department store items are more expensive than market items.

- **가깝다** to be close

  저는 가까운 곳에 갈 때 걸어서 갑니다. I walk when I go somewhere close.

- **힘들다** to be difficult

  등산은 힘들지만 좋은 운동입니다. Hiking is difficult but it's good exercise.

- **끝나다** to finish

  오늘 시험이 끝나서 기분이 좋습니다. I feel good because the exam is over today.

- **매일** every day

  저는 매일 뉴스를 봅니다. I watch the news every day.

- **주중** weekdays

  저는 주중에 일하고 주말에 쉽니다. I work on weekdays and rest on weekends.

- **집안일** housework

  저는 집안일 중에서 청소를 좋아합니다. I like cleaning among housework chores.

- **빨래** laundry

  저는 세탁기가 없어서 손으로 빨래를 합니다. I do laundry by hand because I don't have a washing machine.

- **청소** cleaning

  청소기로 청소를 하면 힘들지 않습니다. Cleaning with a vacuum cleaner is not tiring.

3 글의 내용 이해하기 Understanding the content of texts.

【토픽I 62번 문제 】

전략 strategy

- 무엇에 대한 내용인지 알아야 한다. You need to understand what the content is about.
- 글의 전체 내용을 자세히 이해해야 한다. You need to understand the overall content of the text in detail.

※ [61~62] 다음을 읽고 물음에 답하십시오. (각 2점)

> 사람들은 휴일을 기다립니다. 휴일에는 일하지 않고 쉴 수 있어서 좋고 하고 싶은 일을 할 수 있어서 좋습니다. 사람들은 휴일에 보통 취미 생활을 합니다. 책도 읽고 영화도 보고 운동도 합니다. 그리고 여행을 가는 사람도 많아서 휴일에는 교통이 복잡합니다. 저는 사진 찍기를 좋아해서 휴일에 여기저기 다니면서 사진을 찍습니다.

62. 윗글의 내용과 같은 것을 고르십시오.

① 사람들은 휴일에 더 바쁘게 지냅니다.
② 저는 휴일에 책도 읽고 영화도 봅니다.
③ 사람들은 휴일에 하고 싶은 일을 합니다.
④ 저는 휴일에 사람이 많은 곳에 가지 않습니다.

풀이 explanation

휴일에는 일하지 않고 쉴 수 있어서 사람들은 하고 싶은 일을 한다는 내용이다. 각 선택지의 맞는 설명은 다음과 같다.

① 사람들은 휴일에 일하지 않고 쉽니다.
② 저는 휴일에 사진을 찍습니다.
③ 사람들은 휴일에 하고 싶은 일을 합니다.
④ 저는 휴일에 여기저기 다니면서 사진을 찍습니다.

| 주요 표현 |
- 휴일
- 취미
- 복잡하다
- 다니다
- 사진을 찍다

The main idea is that people do what they want to do on holidays because they can rest and not work. The correct explanations for each choice are as follows.

① People rest and don't work on holidays.
② I take pictures on holidays.
③ People do what they want to do on holidays.
④ I go around and take pictures on holidays.

| Key expressions |
- holiday
- hobby
- to be crowded
- to attend
- to take pictures

정답 answer ③

【토픽I 62번 문제 B】

전략 strategy

- 무엇에 대한 내용인지 알아야 한다. You need to understand what the content is about.
- 글의 전체 내용을 자세히 이해해야 한다. You need to understand the overall content of the text in detail.

※ [61~62] 다음을 읽고 물음에 답하십시오. (각 2점)

요즘은 음식을 먹는 프로그램이 인기가 있습니다. 그래서 텔레비전을 켜면 맛있는 음식을 파는 식당을 소개하고 음식을 맛있게 먹는 프로그램이 많습니다. 이런 프로그램을 본 사람들은 그 음식을 먹으러 식당에 갑니다. 사람들이 음식에 관심이 많기 때문에 요리를 하는 프로그램도 많습니다. 이런 프로그램에서는 간단하고 쉽게 요리할 수 있는 방법을 소개합니다.

62. 윗글의 내용과 같은 것을 고르십시오.

① 요즘 맛있는 음식을 파는 식당이 많습니다.
② 요즘 요리 방법을 소개하는 프로그램이 많습니다.
③ 요즘 간단하고 쉬운 요리를 배우는 사람들이 많습니다.
④ 요즘 맛있는 음식을 파는 프로그램이 인기가 많습니다.

풀이 explanation

요즘 간단하고 쉽게 요리할 수 있는 방법을 소개하는 프로그램이 많다는 내용이다. 각 선택지의 맞는 설명은 다음과 같다.

① 요즘 맛있는 음식을 파는 식당을 소개하는 프로그램이 많습니다.
② 요즘 요리 방법을 소개하는 프로그램이 많습니다.
③ 요즘 간단하고 쉬운 요리를 소개하는 프로그램이 많습니다.
④ 요즘 음식을 맛있게 먹는 프로그램이 인기가 많습니다.

| 주요 표현 |
- 인기
- 켜다
- 팔다
- 관심
- 간단하다

The content is about programs that introduce simple and easy ways to cook these days. The correct explanations for each choice are as follows.

① There are many programs these days that introduce restaurants that sell delicious food.
② There are many programs these days that introduce cooking methods.
③ There are many programs these days that introduce simple and easy recipes.
④ Programs that introduce delicious ways to eat food are popular these days.

| Key expressions |
- popular
- to turn on
- to sell
- interest
- to be simple

정답 answer ③

☑ 주요 표현 Key expressions

- **휴일** holiday

  백화점은 월요일에 휴일이어서 문을 닫습니다. Department stores are closed on Mondays because it's a holiday.

- **취미** hobby

  제 취미는 그림 그리기입니다. My hobby is drawing.

- **복잡하다** to be crowded

  시장에 사람이 많아서 아주 복잡합니다. The market is very crowded with many people.

- **다니다** to attend

  날씨가 추우면 길에 다니는 사람이 적습니다. When the weather is cold, there are fewer people walking on the street.

- **사진을 찍다** to take pictures

  아름다운 꽃 옆에서 사진을 찍는 사람들이 많습니다. There are many people taking pictures next to the beautiful flowers.

- **인기** popular

  잘생기고 노래도 잘하는 가수가 인기가 있습니다. A singer who is handsome and sings well is popular.

- **켜다** to turn on

  날씨가 흐리면 방이 어두워서 불을 켜고 생활합니다. When the weather is cloudy, the room is dark, so I turn on the lights and live.

- **팔다** to sell

  저는 길에서 파는 음식을 좋아합니다. I like street food.

- **관심** interest

  저는 한국 문화에 관심이 있어서 한국에 왔습니다. I came to Korea because I'm interested in Korean culture.

- **간단하다** to be simple

  시간이 없을 때는 간단하게 만들 수 있는 라면을 먹습니다. When I don't have time, I eat ramen, which is simple to make.

3 글의 내용 이해하기 Understanding the content of texts

【토픽I 64번 문제 A】

전략 strategy

- 무엇에 대한 내용인지 알아야 한다. You need to understand what the content is about.
- 글의 전체 내용을 자세히 이해해야 한다. You need to understand the overall content of the text in detail.

※ [63~64] 다음을 읽고 물음에 답하십시오.

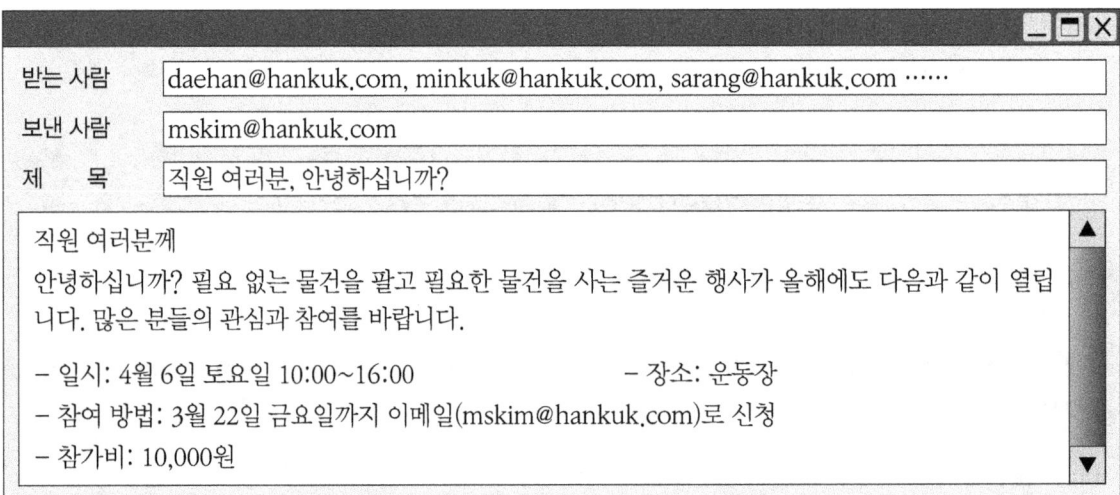

받는 사람	daehan@hankuk.com, minkuk@hankuk.com, sarang@hankuk.com ……
보낸 사람	mskim@hankuk.com
제 목	직원 여러분, 안녕하십니까?

직원 여러분께

안녕하십니까? 필요 없는 물건을 팔고 필요한 물건을 사는 즐거운 행사가 올해에도 다음과 같이 열립니다. 많은 분들의 관심과 참여를 바랍니다.

- 일시: 4월 6일 토요일 10:00~16:00   - 장소: 운동장
- 참여 방법: 3월 22일 금요일까지 이메일(mskim@hankuk.com)로 신청
- 참가비: 10,000원

64. 윗글의 내용과 같은 것을 고르십시오. (3점)

① 이 행사는 올해 처음 열립니다.   ② 이 행사는 십오 일 동안 합니다.
③ 이 행사에서 물건을 팔 수 있습니다. ④ 이 행사는 무료로 참여할 수 있습니다.

풀이 explanation

필요 없는 물건을 팔고 필요한 물건을 살 수 있다는 내용이다. 각 선택지의 맞는 설명은 다음과 같다.

① 이 행사는 올해에도 열립니다.
② 이 행사는 사월 육 일에 합니다.
③ 이 행사에서 물건을 팔 수 있습니다.
④ 이 행사에 참여하려면 참가비 만 원을 내야 합니다.

| 주요 표현 |
- 물건   • 필요 없다
- 행사   • 올해
- 참가비

The content is that you can sell unnecessary items and buy necessary items. The correct explanations for each choice are as follows.

① This event is being held for the first time this year.
② This event will be held on April 6th.
③ You can sell items at this event.
④ You have to pay a participation fee of 10,000 won to participate in this event.

| Key expressions |
- things   • to be unnecessary
- event   • this year
- participation fee

정답 answer ③

【토픽I 64번 문제 B】

- 무엇에 대한 내용인지 알아야 한다. You need to understand what the content is about.
- 글의 전체 내용을 자세히 이해해야 한다. You need to understand the overall content of the text in detail.

※ [63~64] 다음을 읽고 물음에 답하십시오.

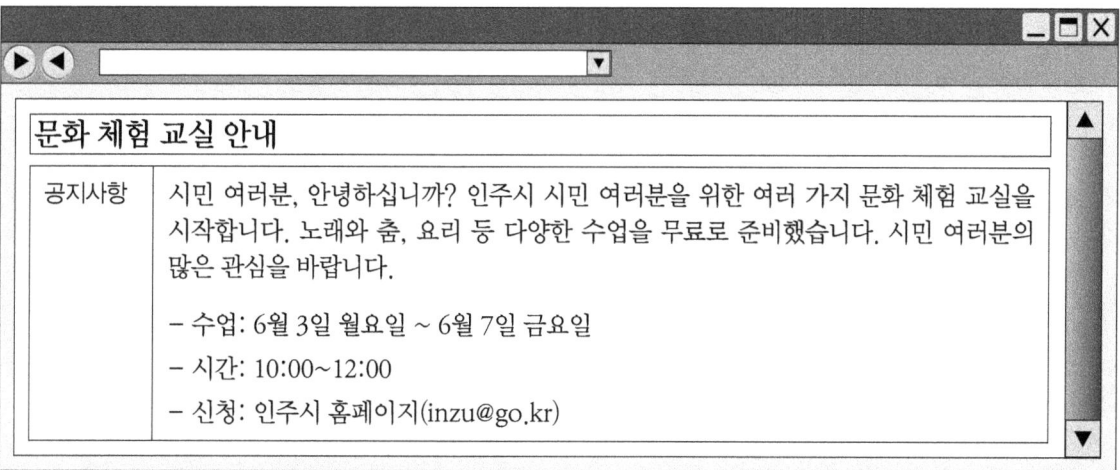

64. 윗글의 내용과 같은 것을 고르십시오. (3점)

① 이 수업은 매주 주말에 합니다.   ② 이 수업은 한 달 동안 열립니다.
③ 이 수업을 들으려면 돈을 내야 합니다.   ④ 이 수업은 인주시 시민만 들을 수 있습니다.

풀이 explanation

인주시 시민을 위한 문화 체험 교실에 대한 내용이다. 각 선택지의 맞는 설명은 다음과 같다.

① 이 수업은 월요일부터 금요일까지 합니다.
② 이 수업은 일주일 동안 열립니다.
③ 이 수업은 무료로 들을 수 있습니다.
④ 이 수업은 인주시 시민만 들을 수 있습니다.

| 주요 표현 |
- 문화
- 안내
- 시민
- 다양하다
- 무료

The content is about a cultural experience class for Inju citizens. The correct explanations for each choice are as follows.

① This class is held from Monday to Friday.
② This class is held for one week.
③ This class is prepared for free.
④ This class is only for Inju citizens.

| Key expressions |
- culture
- information
- citizen
- to be diverse
- free

정답 answer ④

☑ 주요 표현 Key expressions

- **물건** things

  저는 쓰지 않는 물건을 친구들에게 줍니다. I give things I don't use to my friends.

- **필요 없다** to be unnecessary

  저는 필요 없는 물건을 친구들에게 줍니다. I give things I don't need to my friends.

- **행사** event

  봄에는 꽃 축제, 운동회 같은 행사가 많습니다. There are many events like flower festivals and sports days in spring.

- **올해** this year

  올해는 작년보다 눈이 많이 옵니다. It snows more this year than last year.

- **참가비** participation fee

  시민 달리기 대회에 참가하려면 참가비를 내야 합니다. You have to pay a participation fee to participate in the citizens' running competition.

- **문화** culture

  한국 문화를 배우려고 한국에 오는 외국인이 많습니다. Many foreigners come to Korea to learn about Korean culture.

- **안내** information

  여행할 때 안내하는 곳에 가면 여러 가지 정보를 들을 수 있습니다. When you travel, you can get various information by going to the information center.

- **시민** citizen

  서울에 사는 시민들은 한강 공원을 좋아합니다. Citizens living in Seoul like Han River Park.

- **다양하다** to be diverse

  비빔밥은 다양한 재료를 같이 먹는 음식입니다. Bibimbap is a dish where you eat various ingredients together.

- **무료** free

  나이가 많은 분들은 무료로 지하철을 탑니다. Elderly people ride the subway for free.

3 글의 내용 이해하기 Understanding the content of texts

【토픽I 66번 문제 A】

- 무엇에 대한 내용인지 알아야 한다. You need to understand what the content is about.
- 글의 전체 내용을 자세히 이해해야 한다. You need to understand the overall content of the text in detail.

※ [65~66] 다음을 읽고 물음에 답하십시오.

> 잠은 우리의 건강에 아주 중요합니다. 잠을 적게 자면 기억력이 나빠지고 식욕도 없습니다. 하지만 잠을 너무 많이 자도 건강에 좋지 않습니다. 하루에 7~8시간 자면 적당합니다. 그리고 점심을 먹은 후에 잠깐 낮잠을 자면 좋습니다. 30분 정도 낮잠을 자면 피로도 풀리고 스트레스도 줄일 수 있습니다.

66. 윗글의 내용과 같은 것을 고르십시오. (3점)

① 잠을 많이 자면 건강에 좋습니다.
② 잠을 많이 자면 기억력이 나빠집니다.
③ 낮잠을 조금 자면 건강에 도움이 됩니다.
④ 스트레스를 줄이려면 잠을 많이 자야 합니다.

풀이 explanation

잠깐 낮잠을 자면 피로도 풀리고 스트레스도 줄일 수 있어서 좋다. 각 선택지의 맞는 설명은 다음과 같다.

① 잠을 너무 많이 자면 건강에 좋지 않습니다.
② 잠을 적게 자면 기억력이 나빠집니다.
③ 낮잠을 조금 자면 건강에 도움이 됩니다.
④ 잠깐 낮잠을 자면 스트레스를 줄일 수 있습니다.

| 주요 표현 |
- 기억력
- 식욕
- 적당하다
- 낮잠을 자다
- 피로가 풀리다
- 줄이다

Taking a short nap is good because it relieves fatigue and can also reduce stress. The correct explanations for each choice are as follows.

① Sleeping too much is not good for your health.
② Sleeping too little worsens your memory.
③ Taking a short nap is beneficial for your health.
④ Taking a short nap can reduce stress.

| Key expressions |
- memory
- appetite
- to be appropriate
- to take a nap
- to relieve fatigue
- to reduce

정답 answer ③

【토픽I 66번 문제 B】

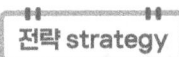

- 무엇에 대한 내용인지 알아야 한다. You need to understand what the content is about.
- 글의 전체 내용을 자세히 이해해야 한다. You need to understand the overall content of the text in detail.

※ [65~66] 다음을 읽고 물음에 답하십시오.

> 우리는 매일 많은 냄새를 맡습니다. 익숙한 냄새는 우리의 마음을 편하게 합니다. 그래서 우는 아기가 엄마 냄새를 맡으면 울지 않습니다. 또 기분 좋은 냄새를 맡으면 스트레스가 풀립니다. 그래서 일을 할 때 기분이 좋아지는 냄새가 있으면 도움이 됩니다. 그리고 잠이 오지 않을 때나 다이어트가 필요할 때도 특별한 냄새를 이용할 수 있습니다.

66. 윗글의 내용과 같은 것을 고르십시오. (3점)

① 익숙한 냄새를 맡으면 스트레스가 풀립니다.
② 엄마 냄새는 아기의 기분을 좋아지게 합니다.
③ 매일 많은 냄새를 맡으면 일할 때 도움이 됩니다.
④ 특별한 냄새를 이용하면 잠이 오게 할 수 있습니다.

풀이 explanation

잠이 오지 않을 때 특별한 냄새를 이용할 수 있다. 각 선택지의 맞는 설명은 다음과 같다.
① 익숙한 냄새를 맡으면 마음이 편해집니다.
② 엄마 냄새는 아기의 마음을 편하게 합니다.
③ 기분이 좋아지는 냄새는 일할 때 도움이 됩니다.
④ 특별한 냄새를 이용하면 잠이 오게 할 수 있습니다.

| 주요 표현 |
- 냄새를 맡다
- 익숙하다
- 도움
- 잠이 오다
- 특별하다

You can use special scents when you can't sleep. The correct explanations for each choice are as follows.

① Familiar scents can make you feel comfortable.
② The smell of a mother can comfort a baby.
③ Scents that improve your mood can be helpful when working.
④ Special scents can help you fall asleep.

| Key expressions |
- to smell
- to be familiar
- help
- to fall asleep
- to be special

정답 answer ④

☑ 주요 표현 Key expressions

- **기억력** memory
  저는 기억력이 좋아서 단어를 잘 외웁니다. I have a good memory, so I memorize words well.

- **식욕** appetite
  저는 요즘 식욕이 없어서 음식을 조금 먹습니다. I don't have much appetite these days, so I eat a little.

- **적당하다** to be appropriate
  커피는 하루에 1~2잔이 적당합니다. 1~2 cups of coffee per day is appropriate.

- **낮잠을 자다** to take a nap
  저는 주말에는 점심을 먹고 낮잠을 잡니다. On weekends, I take a nap after lunch.

- **피로가 풀리다** to relieve fatigue
  저는 목욕을 하면 피로가 풀립니다. Taking a bath relieves my fatigue.

- **줄이다** to reduce
  바지가 너무 길어서 짧게 줄였습니다. The pants were too long, so I shortened them.

- **냄새를 맡다** to smell
  저는 감기에 걸려서 지금 음식 냄새를 맡을 수 없습니다. I have a cold, so I can't smell food right now.

- **익숙하다** to be familiar
  저는 새로운 음악보다 익숙한 음악을 좋아합니다. I like familiar music more than new music.

- **도움** help
  친구들이 저에게 많은 도움을 줍니다. My friends help me a lot.

- **잠이 오다** to fall asleep
  커피를 많이 마시면 잠이 오지 않습니다. Drinking a lot of coffee makes it hard to fall asleep.

- **특별하다** to be special
  미역국은 생일에 먹는 특별한 음식입니다. Seaweed soup is a special food eaten on birthdays.

3 글의 내용 이해하기 Understanding the content of texts

【 토픽I 68번 문제 A 】

전략 strategy

- 무엇에 대한 내용인지 알아야 한다. You need to understand what the content is about.
- 글의 전체 내용을 자세히 이해해야 한다. You need to understand the overall content of the text in detail.

※ [67~68] 다음을 읽고 물음에 답하십시오. (각 3점)

> 삼계탕은 한국에서 더운 여름에 먹는 특별한 음식입니다. 삼계탕은 닭고기와 건강에 좋은 재료를 넣어서 끓입니다. 여름에는 날씨가 더워서 많이 힘들고 피곤합니다. 그래서 건강에 좋은 삼계탕을 먹으면 힘이 납니다. 삼계탕은 뜨거워서 먹을 때 땀이 나지만 맵지 않기 때문에 외국인들에게도 아주 인기가 있습니다.

68. 윗글의 내용과 같은 것을 고르십시오.

① 삼계탕은 외국인들이 좋아하는 음식입니다.
② 삼계탕은 매워서 먹을 때 땀이 많이 납니다.
③ 삼계탕은 더운 여름에 먹는 시원한 음식입니다.
④ 삼계탕은 소고기나 돼지고기를 넣어서 만듭니다.

풀이 explanation

삼계탕은 맵지 않기 때문에 외국인들에게도 아주 인기가 있다. 각 선택지의 맞는 설명은 다음과 같다.

① 삼계탕은 외국인들이 좋아하는 음식입니다.
② 삼계탕은 뜨거워서 먹을 때 땀이 많이 납니다.
③ 삼계탕은 더운 여름에 먹는 뜨거운 음식입니다.
④ 삼계탕은 닭고기와 건강에 좋은 재료를 넣어서 만듭니다.

| 주요 표현 |

- 특별하다
- 재료
- 끓이다
- 힘이 나다
- 땀이 나다

Samgyetang is very popular even among foreigners because it's not spicy. The correct explanations for each choice are as follows.

① Samgyetang is a food that foreigners like.
② Samgyetang is hot, so you sweat a lot when you eat it.
③ Samgyetang is hot food eaten in hot summers.
④ Samgyetang is made with chicken and healthy ingredients.

| Key expressions |

- to be special
- ingredients
- to boil
- to gain energy
- to sweat

정답 answer ①

【토픽I 68번 문제 B】

- 무엇에 대한 내용인지 알아야 한다. You need to understand what the content is about.
- 글의 전체 내용을 자세히 이해해야 한다. You need to understand the overall content of the text in detail.

※ [67~68] 다음을 읽고 물음에 답하십시오. (각 3점)

> 인주시장은 오래된 물건을 파는 시장입니다. 생활에 필요한 물건은 많지 않지만 옛날 물건이 많아서 구경하기가 재미있습니다. 옛날 옷이나 가구, 물건을 좋아하는 사람들이 많이 갑니다. 특별한 물건을 싸게 살 수 있습니다. 요즘은 가게가 전보다 적어졌지만 볼거리와 먹거리가 많아서 외국인들도 많이 찾습니다.

68. 윗글의 내용과 같은 것을 고르십시오.

① 이 시장에는 옛날보다 가게가 많아졌다.
② 이 시장에는 재미있는 구경거리가 많다.
③ 이 시장에는 물건을 파는 외국인이 많다.
④ 이 시장에는 생활에 필요한 물건이 많다.

풀이 explanation

이 시장에는 이것저것 볼거리와 먹거리가 많다. 각 선택지의 맞는 설명은 다음과 같다.

① 이 시장에는 예전보다 가게가 적어졌다.
② 이 시장에는 재미있는 구경거리가 많다.
③ 이 시장에는 볼거리와 먹거리가 많아서 외국인이 많이 찾는다.
④ 이 시장에는 생활에 필요한 물건이 많지 않다.

| 주요 표현 |
- 오래되다
- 옛날
- 적어지다
- 볼거리
- 먹거리

This market has a lot of things to see and eat. The correct explanations for each choice are as follows.

① There are fewer stores in this market than in the past.
② This market has many interesting things to see.
③ This market has many things to see and eat, so many foreigners visit it.
④ This market doesn't have many things necessary for daily life.

| Key expressions |
- to be old
- old days
- to decrease
- things to see
- things to eat

정답 answer ②

☑ 주요 표현 Key expressions

- **특별하다** to be special

  사람들은 생일에 특별한 음식을 먹습니다. People eat special food on their birthdays.

- **재료** ingredients

  음식을 만들기 전에 재료를 깨끗하게 씻어서 준비합니다. Before cooking, wash the ingredients thoroughly and prepare them.

- **끓이다** to boil

  저는 요리를 못하기 때문에 자주 라면을 끓여서 먹습니다. I can't cook well, so I often boil ramen and eat it.

- **힘이 나다** to gain energy

  힘들 때 맛있는 음식을 먹으면 힘이 납니다. When I'm tired, eating delicious food gives me energy.

- **땀이 나다** to sweat

  더운 날씨에 운동을 하면 땀이 많이 납니다. Exercising in hot weather makes you sweat a lot.

- **오래되다** to be old

  새로 지은 건물보다 오래된 건물을 좋아하는 사람도 있습니다. Some people like old buildings more than newly built ones.

- **옛날** old days

  옛날에 유행한 디자인이 요즘 다시 유행합니다. Designs that were popular in the old days are becoming popular again these days.

- **적어지다** to decrease

  식당 음식이 값이 비싸지고 양이 적어졌습니다. The restaurant's food has become more expensive and the portions have decreased.

- **볼거리** things to see

  시장에 볼거리가 많아서 구경하기가 재미있습니다. It's fun to look around the market because there are many things to see.

- **먹거리** things to eat

  먹거리를 파는 곳에 손님이 제일 많습니다. The place that sells food has the most customers.

3 글의 내용 이해하기 Understanding the content of texts

【토픽Ⅰ 70번 문제 A】

> **전략 strategy**
>
> - 무엇에 대한 내용인지 알아야 한다. You need to understand what the content is about.
> - 글의 전체 내용을 자세히 이해해야 한다. You need to understand the overall content of the text in detail.

※ [69~70] 다음을 읽고 물음에 답하십시오. (각 3점)

> 제가 사는 동네에 쓰레기로 만든 공원이 있습니다. 전에는 쓰레기를 버리는 곳이어서 냄새도 많이 나고 더러운 곳이었습니다. 그런데 지금은 아름다운 공원이 되었습니다. 꽃과 나무가 많아서 구경하러 오는 사람이 많습니다. 운동을 할 수 있는 곳도 있어서 아침에는 운동하는 사람들이 많습니다. 지금은 깨끗하고 아름다워서 어른들도 아이들도 자주 찾고 좋아하는 곳입니다. 여기가 쓰레기를 버리는 곳이었는지 모르는 사람도 많습니다. 쓰레기를 버리는 곳이 아름다운 공원으로 바뀌어서 정말 좋습니다.

70. 윗글의 내용과 같은 것을 고르십시오.

① 이 공원은 예전에 쓰레기장이었습니다.
② 공원이 더러워서 사람들이 가지 않습니다.
③ 공원에 쓰레기를 버리는 사람이 많습니다.
④ 냄새가 나서 어른들은 이 공원을 싫어합니다.

> **풀이 explanation**
>
> | 이 공원은 쓰레기를 버리는 곳이었지만 지금은 깨끗하고 아름다운 공원이다. 각 선택지의 맞는 설명은 다음과 같다. | This park used to be a garbage dump, but now it's a clean and beautiful park. The correct explanations for each choice are as follows. |
> |---|---|
> | ① 이 공원은 예전에 쓰레기장이었습니다.
② 공원이 깨끗하고 아름다워서 사람들이 자주 찾습니다.
③ 전에는 이 공원이 쓰레기를 버리는 곳이었습니다.
④ 깨끗해서 어른들도 아이들도 이 공원을 좋아합니다. | ① This park used to be a garbage dump.
② People visit this park often because it's clean and beautiful.
③ This park used to be a place to dump garbage.
④ Adults and children alike love this park because it's clean. |
>
> | 주요 표현 |
> - 버리다
> - 냄새가 나다
> - 더럽다
> - 찾다
> - 바뀌다
>
> | Key expressions |
> - to throw away
> - to smell
> - to be dirty
> - to visit
> - to be changed

정답 answer ①

【토픽I 70번 문제 】

전략 strategy

- 무엇에 대한 내용인지 알아야 한다. You need to understand what the content is about.
- 글의 전체 내용을 자세히 이해해야 한다. You need to understand the overall content of the text in detail.

※ [69~70] 다음을 읽고 물음에 답하십시오. (각 3점)

> 오랜만에 시간이 있어서 컴퓨터에 있는 사진을 정리했습니다. 가족들과 찍은 사진, 친구들과 찍은 사진을 보면서 그때를 생각했습니다. 고등학교를 졸업할 때 찍은 사진이 여러 장 있었습니다. 친구들과 저는 꽃다발과 선물을 들고 웃고 있었습니다. 친구들도 저도 아주 귀여운 모습이었습니다. 사진을 정리한 후에 친구들에게 사진을 보냈습니다. 친구들이 모두 좋아했습니다. 저는 어렸을 때 사진 찍는 것을 좋아하지 않아서 사진이 많지 않습니다. 하지만 이제부터 사진을 많이 찍으려고 합니다. 사진이 있으면 시간이 지난 후에도 오랫동안 기억할 수 있습니다.

70. 윗글의 내용과 같은 것을 고르십시오.

① 친구들과 같이 사진을 정리했습니다.
② 저는 어렸을 때 찍은 사진이 아주 많습니다.
③ 졸업할 때 찍은 사진을 친구들에게 보냈습니다.
④ 저는 사진 찍는 것을 좋아해서 많이 찍었습니다.

풀이 explanation

나는 고등학교를 졸업할 때 찍은 사진을 친구들에게 보냈다. 각 선택지의 맞는 설명은 다음과 같다.

① 저는 혼자 사진을 정리했습니다.
② 저는 어렸을 때 찍은 사진이 많지 않습니다.
③ 졸업할 때 찍은 사진을 친구들에게 보냈습니다.
④ 저는 사진 찍는 것을 좋아하지 않아서 사진이 많지 않습니다.

I sent pictures taken at my high school graduation to my friends. The correct explanations for each choice are as follows.

① I organized the photos by myself.
② I don't have many pictures taken when I was young.
③ I sent pictures taken at my graduation to my friends.
④ I don't have many pictures because I don't like taking pictures.

| 주요 표현 |
- 오랜만에
- 정리하다
- 졸업하다
- 귀엽다
- 기억하다

| Key expressions |
- after a long time
- to organize
- to graduate
- to be cute
- to remember

정답 answer ③

☑ 주요 표현 Key expressions

- **버리다** to throw away

  다시 사용할 수 있는 쓰레기는 다른 쓰레기와 따로 버립니다. Recyclable waste is disposed of separately from other waste.

- **냄새가 나다** to smell

  제가 사용하는 샴푸는 좋은 냄새가 납니다. The shampoo I use smells good.

- **더럽다** to be dirty

  청소를 하지 않아서 방이 더럽습니다. The room is dirty because I haven't cleaned it.

- **찾다** to visit

  제주도는 외국인들이 많이 찾는 관광지입니다. Jeju Island is a tourist destination visited by many foreigners.

- **바뀌다** to be changed

  이사를 해서 주소가 바뀌었습니다. My address has changed because I moved.

- **오랜만에** after a long time

  오랜만에 친구를 만나니까 정말 반갑습니다. It was really nice to see my friend after a long time.

- **정리하다** to organize

  옷을 정리하고 입지 않는 옷을 버렸습니다. I organized my clothes and threw away the ones I don't wear.

- **졸업하다** to graduate

  고등학교를 졸업하고 대학교에 입학했습니다. I graduated from high school and entered university.

- **귀엽다** to be cute

  작고 귀여운 강아지를 키우고 싶습니다. I want to raise a small and cute puppy.

- **기억하다** to remember

  저는 친구들 생일을 기억하고 선물을 줍니다. I remember my friends' birthdays and give them gifts.

4 문맥에 맞는 내용 찾기 Finding content that fits the context

【토픽I 55번 문제 A】

전략 strategy

- 무엇에 대한 내용인지 알아야 한다. You need to understand what the content is about.
- 내용을 자세히 이해하고 빈칸에 들어갈 표현을 찾아야 한다. You need to understand the content in detail and find the expression that fits in the blank.

※ [55~56] 다음을 읽고 물음에 답하십시오.

> 한국 문화를 한 곳에서 경험할 수 있는 곳이 문을 열었습니다. 이곳에서는 한국 영화도 보고 한국 음식도 먹고 한국 화장품도 살 수 있습니다. 그리고 좋아하는 가수의 공연도 볼 수 있습니다. 그래서 이곳에는 (㉠) 외국인들이 한국의 문화를 즐기러 많이 찾아옵니다.

55. ㉠에 들어갈 말로 가장 알맞은 것을 고르십시오. (2점)

① 한국 영화를 많이 보는
② 한국 음악을 많이 듣는
③ 한국 화장품을 좋아하는
④ 한국 문화에 관심이 있는

풀이 explanation

한국 문화에 관심이 있는 외국인들이 한국의 다양한 문화를 즐기러 많이 찾아온다는 내용이다.

| 주요 표현 |
- 경험하다
- 문을 열다
- 다양하다
- 즐기다
- 찾아오다

The content is that foreigners who are interested in Korean culture come to Korea to enjoy various Korean cultures.

| Key expressions |
- to experience
- to open
- to diverse
- to enjoy
- to visit

정답 answer ④

【토픽I 55번 문제 B】

전략 strategy
- 무엇에 대한 내용인지 알아야 한다. You need to understand what the content is about.
- 내용을 자세히 이해하고 빈칸에 들어갈 표현을 찾아야 한다. You need to understand the content in detail and find the expression that fits in the blank.

※ [55~56] 다음을 읽고 물음에 답하십시오.

> 50년이 된 초등학교가 유명한 미술관이 되었습니다. 사람들이 도시로 가고 학생 수가 줄어서 4년 전부터 이 학교에 학생이 없습니다. 학교가 미술관이 된 후에 많은 사람들이 이곳을 좋아하고 구경하러 옵니다. 특히 (㉠   ) 사람들은 이곳에서 공부했을 때를 생각하면서 자주 옵니다.

55. ㉠에 들어갈 말로 가장 알맞은 것을 고르십시오. (2점)

① 그림을 그리는
② 이곳을 좋아하는
③ 이 학교를 졸업한
④ 이 미술관을 만든

풀이 explanation

이 학교를 졸업한 사람들은 이곳에서 공부했을 때를 생각하면서 자주 온다는 내용이다.

| 주요 표현 |
- 유명하다
- 미술관
- 도시
- 줄다
- 자주

The content is that people who graduated from this school often come here, thinking about the time they studied here.

| Key expressions |
- to be famous
- art museum
- city
- to decrease
- often

정답 answer ③

☑ 주요 표현 Key expressions

- **경험하다** to experience

  여행을 하면 새로운 것을 경험할 수 있습니다. You can experience new things when you travel.

- **문을 열다** to open

  동대문시장은 1905년에 문을 열었고 지금도 많은 사람들이 이용하는 시장입니다. Dongdaemun Market opened in 1905 and is still a popular market today.

- **다양하다** to diverse

  나라마다 요리 방법이 다양합니다. Cooking methods vary from country to country.

- **즐기다** to enjoy

  저는 여름에 수영을 즐깁니다. I enjoy swimming in the summer.

- **찾아오다** to visit

  요즘 많은 외국인들이 한국을 찾아옵니다. Many foreigners visit Korea these days.

- **유명하다** to be famous

  보통 유명한 배우가 나온 영화가 인기가 있습니다. Usually, movies with famous actors are popular.

- **미술관** art museum

  미술관에 가면 다양한 그림을 구경할 수 있습니다. You can see various paintings at the art museum.

- **도시** city

  서울은 한국에서 제일 큰 도시입니다. Seoul is the largest city in Korea.

- **줄다** to decrease

  비가 많이 와서 식당에 손님이 줄었습니다. The number of customers at the restaurant decreased because it rained a lot.

- **자주** often

  저는 비빔밥을 좋아해서 자주 먹습니다. I like bibimbap, so I eat it often.

 문맥에 맞는 내용 찾기 Finding content that fits the context

【토픽I 59번 문제 A】

> **전략 strategy**
> - 무엇에 대한 내용인지 알아야 한다. You need to understand what the content is about.
> - 내용을 자세히 이해하고 문장이 들어갈 위치를 찾아야 한다. You need to understand the content in detail and find the location where the sentence should go.

※ [59~60] 다음을 읽고 물음에 답하십시오.

> 저는 지금 기숙사에서 삽니다. 같이 사는 친구가 있어서 불편할 때가 많습니다. (㉠) 친구가 잘 때 조용히 해야 하고 친구가 공부할 때 음식을 먹을 수 없습니다. (㉡) 하지만 좋은 점도 많습니다. (㉢) 친구가 제 이야기를 듣고 많이 도와줍니다. (㉣) 그래서 혼자 살 때보다 학교생활이 즐겁습니다.

59. 다음 문장이 들어갈 곳으로 가장 알맞은 것을 고르십시오. (2점)

> 또 주말에 같이 운동도 하고 같이 도서관에도 갑니다.

① ㉠　　　　② ㉡　　　　③ ㉢　　　　④ ㉣

> **풀이 explanation**
>
> 친구와 같이 살면 좋은 점이 있다는 부분에 들어갈 내용이다. '또'는 앞의 내용에 정보를 추가하는 의미가 있다.
>
> | 주요 표현 |
> - 기숙사
> - 조용히
> - 도와주다
> - 혼자
> - 학교생활
>
> The content that should be included in the part about the good things about living with a friend is. '또' is used to add information to the previous content.
>
> | Key expressions |
> - dormitory
> - quietly
> - to help
> - alone
> - school life

정답 answer ④

【토픽I 59번 문제 】

전략 strategy

- 무엇에 대한 내용인지 알아야 한다. You need to understand what the content is about.
- 내용을 자세히 이해하고 문장이 들어갈 위치를 찾아야 한다. You need to understand the content in detail and find the location where the sentence should go.

※ [59~60] 다음을 읽고 물음에 답하십시오.

> 저는 한국에서 대학교에 들어가려고 준비하고 있습니다. (㉠) 그래서 한국어를 열심히 공부합니다. (㉡) 저는 지금 물건을 사거나 여행을 할 때 어려운 문제가 없습니다. (㉢) 그래서 요즘 한국 뉴스도 듣고 인터넷 기사도 많이 봅니다. (㉣) 아직 다 이해할 수 없지만 계속 공부하면 좋아질 겁니다.

59. 다음 문장이 들어갈 곳으로 가장 알맞은 것을 고르십시오. (2점)

> 하지만 대학교에서 공부하려면 한국어를 더 많이 공부해야 합니다.

① ㉠   ② ㉡   ③ ㉢   ④ ㉣

➕ 풀이 explanation

물건을 사거나 여행할 때 문제가 없지만 대학교에서 공부하려면 한국어를 더 공부해야 한다는 내용이다. '하지만'은 앞의 내용과 다른 내용이 이어질 때 사용한다.

| 주요 표현 |
- 들어가다
- 준비하다
- 어렵다
- 기사
- 이해하다

The content is that although there's no problem with buying things and traveling, you need to study Korean more to study at a university. '하지만' is used when the following content is different from the preceding content.

| Key expressions |
- to enter
- to prepare
- to be difficult
- article
- to understand

정답 answer ③

☑ 주요 표현 Key expressions

- **기숙사** dormitory
  집이 먼 학생들이 학교 기숙사에서 삽니다. Students whose homes are far away live in school dormitories.

- **조용히** quietly
  도서관에서는 이야기하지 않고 조용히 공부해야 합니다. You should study quietly in the library without talking.

- **도와주다** to help
  친구가 이사할 때 제가 도와주었습니다. I helped my friend when he was moving.

- **혼자** alone
  저는 가족과 같이 살지 않고 혼자 삽니다. I don't live with my family, I live alone.

- **학교생활** school life
  저는 고등학생 때 학교생활이 재미있었습니다. I enjoyed my school life when I was in high school.

- **들어가다** to enter
  저는 7살에 초등학교에 들어갔습니다. I entered elementary school when I was 7 years old.

- **준비하다** to prepare
  동생 생일이어서 저는 파티를 준비했습니다. It's my younger sibling's birthday, so I prepared a party.

- **어렵다** to be difficult
  저는 한국어 문법이 어렵습니다. Korean grammar is difficult for me.

- **기사** article
  저는 신문에서 연예인 기사를 봅니다. I read articles about celebrities in the newspaper.

- **이해하다** to understand
  저는 한국 드라마의 내용을 반쯤 이해할 수 있습니다. I can understand about half of the content of Korean dramas.

문맥에 맞는 내용 찾기 Finding content that fits the context

【토픽I 61번 문제 A】

- 무엇에 대한 내용인지 알아야 한다. You need to understand what the content is about.
- 내용을 자세히 이해하고 빈칸에 들어갈 표현을 찾아야 한다. You need to understand the content in detail and find the expression that fits in the blank.

※ [61~62] 다음을 읽고 물음에 답하십시오. (각 2점)

> 저는 한 달 전에 이사를 했습니다. 새집은 작은 산 아래에 있어서 조용하고 공기도 좋습니다. 저는 시간이 있을 때 산에 올라가서 쉽니다. 산 위에서 보는 경치가 아주 아름답습니다. 그리고 꽃과 나무를 보면 스트레스가 풀립니다. 교통이 불편해서 학교에 갈 때 (㉠) 운동을 할 수 있어서 괜찮습니다.

61. ㉠에 들어갈 말로 가장 알맞은 것을 고르십시오.

① 버스를 이용하지만 ② 시간이 많이 걸리지만
③ 친구들을 만날 수 없지만 ④ 무거운 가방을 들고 가지만

풀이 explanation	
교통이 불편하기 때문에 학교에 갈 때 시간이 많이 걸린다는 내용이다.	The content is that it takes a lot of time to get to school because the transportation is inconvenient.
| 주요 표현 |	**| Key expressions |**
• 달	• month
• 이사	• move
• 조용하다	• to be quiet
• 올라가다	• to go up
• 스트레스가 풀리다	• to relieve stress
• 괜찮다	• to be okay

정답 answer ②

【토픽 I 61번 문제 B】

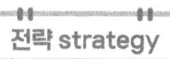
- 무엇에 대한 내용인지 알아야 한다. You need to understand what the content is about.
- 내용을 자세히 이해하고 빈칸에 들어갈 표현을 찾아야 한다. You need to understand the content in detail and find the expression that fits in the blank.

※ [61~62] 다음을 읽고 물음에 답하십시오. (각 2점)

> 저는 주말에 편의점에서 아르바이트를 합니다. 밤에 일을 하기 때문에 좀 피곤하지만 저는 편의점에서 일하는 것이 재미있습니다. 전에는 식당에서 일을 했는데 일이 많아서 아주 힘들었습니다. 지금은 그때보다 (㉠) 어렵지 않아서 편합니다. 그리고 손님이 없는 시간에는 공부도 할 수 있고 앉아서 쉴 수도 있어서 좋습니다.

61. ㉠에 들어갈 말로 가장 알맞은 것을 고르십시오.

① 일이 복잡하고 ② 힘든 일이 많고
③ 하는 일이 적고 ④ 여러 가지 일을 하고

➕ 풀이 explanation

편의점에서 일하는 것이 식당에서 일할 때보다 일이 적고 어렵지 않다는 내용이다.

| 주요 표현 |
- 편의점
- 아르바이트
- 밤
- 피곤하다
- 손님
- 쉬다

The content is that working at a convenience store is less work and not as difficult as working at a restaurant.

| Key expressions |
- convenience store
- part-time job
- night
- to be tired
- customer
- to rest

정답 answer ③

☑ 주요 표현 Key expressions

- 달 month

  일 년은 열두 달입니다. There are twelve months in a year.

- 이사 move

  지금 사는 집이 너무 작아서 큰 집으로 이사를 하고 싶습니다. I want to move to a bigger house because the house I live in now is too small.

- 조용하다 to be quiet

  도서관이 조용해서 공부하기가 좋습니다. The library is quiet, so it's good for studying.

- 올라가다 to go up

  저는 엘리베이터를 타지 않고 걸어서 올라갑니다. I walk up the stairs instead of taking the elevator.

- 스트레스가 풀리다 to relieve stress

  저는 매운 음식을 먹으면 스트레스가 풀립니다. Eating spicy food relieves my stress.

- 괜찮다 to be okay

  어제는 머리가 많이 아팠지만 지금은 괜찮습니다. I had a bad headache yesterday, but I'm okay now.

- 편의점 convenience store

  시장보다 편의점이 비싸지만 가까워서 자주 갑니다. Convenience stores are more expensive than markets, but I go there often because they're close.

- 아르바이트 part-time job

  저는 대학생 때 옷가게에서 아르바이트를 했습니다. I worked part-time at a clothing store when I was a university student.

- 밤 night

  낮에는 공부하고 밤에는 일하는 학생들이 많습니다. There are many students who study during the day and work at night.

- 피곤하다 to be tired

  저는 피곤할 때 많이 잡니다. I sleep a lot when I'm tired.

- 손님 customer

  식당에 손님이 많아서 저는 밖에서 기다렸습니다. There were many customers at the restaurant, so I waited outside.

- 쉬다 to rest

  저는 주말에 많이 자고 많이 쉽니다. I sleep a lot and rest a lot on weekends.

 문맥에 맞는 내용 찾기 Finding content that fits the context

【토픽I 67번 문제 A】

> **전략 strategy**
> - 무엇에 대해서 설명하는지 알아야 한다. You need to understand what the content is about.
> - 내용을 자세히 이해하고 빈칸에 들어갈 표현을 찾아야 한다. You need to understand the content in detail and find the expression that fits in the blank.

※ [67~68] 다음을 읽고 물음에 답하십시오. (각 3점)

> 요즘 많은 사람들이 살을 빼기 위해서 운동을 합니다. 운동을 하면 (㉠) 살이 빠집니다. 특히 걷거나 뛰는 운동은 에너지가 많이 필요해서 살을 뺄 때 도움이 됩니다. 하지만 너무 심하게 운동을 하면 피곤하니까 많이 먹게 되어서 살이 찔 수 있습니다. 살도 빼고 스트레스도 줄이기 위해서는 적당히 운동을 해야 합니다.

67. ㉠에 들어갈 말로 가장 알맞은 것을 고르십시오.

① 음식을 많이 먹기 때문에
② 많이 힘들고 피곤하기 때문에
③ 스트레스가 많이 쌓이기 때문에
④ 에너지를 많이 사용하기 때문에

> **풀이 explanation**
>
> 운동을 하면 에너지를 많이 사용하기 때문에 살이 빠진다는 내용이다.
>
> | 주요 표현 |
> - 살을 빼다
> - 살이 빠지다
> - 심하다
> - 살이 찌다
> - 적당하다
>
> The content is that you lose weight because you use a lot of energy when you exercise.
>
> | Key expressions |
> - to lose weight
> - to lose flesh
> - to be severe
> - to gain weight
> - to be appropriate

정답 answer ④

【토픽Ⅰ 67번 문제 B】

- 무엇에 대해서 설명하는지 알아야 한다. You need to understand what the content is about.
- 내용을 자세히 이해하고 빈칸에 들어갈 표현을 찾아야 한다. You need to understand the content in detail and find the expression that fits in the blank.

※ [67~68] 다음을 읽고 물음에 답하십시오. (각 3점)

> 요즘은 인터넷으로 물건을 사는 사람들이 많습니다. 직접 가지 않아서 힘들지 않고 (㉠) 아무 때나 물건을 살 수 있습니다. 새벽에도 주문할 수 있고 밤늦게도 물건을 살 수 있습니다. 하지만 물건을 본 후에 주문하지 못하기 때문에 좋지 않은 물건을 살 때도 있습니다. 물건의 설명을 잘 보고 선택해야 합니다.

67. ㉠에 들어갈 말로 가장 알맞은 것을 고르십시오.

① 주문하는 방법이 쉬워서
② 24시간 문을 닫지 않아서
③ 질이 좋은 물건이 많아서
④ 물건을 파는 주인이 없어서

풀이 explanation

24시간 문을 닫지 않아서 아무 때나 물건을 살 수 있다는 내용이다.

| 주요 표현 |
- 직접
- 아무 때나
- 주문하다
- 설명
- 선택하다

The content is that you can buy things anytime because it's open 24 hours.

| Key expressions |
- directly
- anytime
- to order
- explanation
- to choose

정답 answer ②

☑ 주요 표현 Key expressions

- **살을 빼다** to lose weight
  저는 살을 빼려고 음식을 조금 먹습니다. I eat a little to lose weight.

- **살이 빠지다** to lose flesh
  땀을 많이 흘리면 살이 빠집니다. You lose weight when you sweat a lot.

- **심하다** to be severe
  어제 감기가 심해서 학교에 가지 못했습니다. I couldn't go to school yesterday because my cold was severe.

- **살이 찌다** to gain weight
  많이 먹고 운동을 하지 않으면 살이 찝니다. If you eat a lot and don't exercise, you gain weight.

- **적당하다** to be appropriate
  보통 30분 정도 운동을 하면 적당합니다. Usually, exercising for about 30 minutes is appropriate.

- **직접** directly
  물건을 바꿀 때 직접 가지 않고 택배로 보냅니다. When exchanging items, I send them by courier instead of going directly.

- **아무 때나** anytime
  저는 동생과 같이 사니까 아무 때나 이야기할 수 있습니다. Since I live with my younger sibling, I can talk to them anytime.

- **주문하다** to order
  식당에서 한국말로 음식을 주문하기가 어렵습니다. It's difficult to order food in Korean at a restaurant.

- **설명** explanation
  물건을 사용하기 전에 설명을 잘 읽어야 합니다. You should read the instructions carefully before using a product.

- **선택하다** to choose
  어느 대학교에 갈지 제가 선택해야 합니다. I have to choose which university to go to.

4 문맥에 맞는 내용 찾기 Finding content that fits the context

【토픽I 69번 문제 A】

전략 strategy

- 무엇에 대한 내용인지 알아야 한다. You need to understand what the content is about.
- 내용을 자세히 이해하고 빈칸에 들어갈 표현을 찾아야 한다. You need to understand the content in detail and find the expression that fits in the blank.

※ [67~70] 다음을 읽고 물음에 답하십시오. (각 3점)

> 저는 초등학생 때 봄과 가을에 소풍을 갔습니다. 친구들과 선생님들과 같이 가까운 산이나 공원에 가서 게임도 하고 재미있게 놀았습니다. 게임에서 이긴 친구들은 선생님께서 주신 선물을 받았습니다. 장기 자랑 시간에 춤을 잘 추는 친구들은 우리들에게 춤을 보여 주었습니다. 그리고 노래를 잘하는 친구들은 마이크를 잡고 노래를 불렀습니다. 저는 춤을 잘 추지 못하고 노래도 잘 못해서 춤과 노래를 (㉠) 친구들이 부러웠습니다. 지금 그 친구들이 보고 싶고 선생님이 그립습니다.

69. ㉠에 들어갈 말로 가장 알맞은 것을 고르십시오.

① 게임을 하는
② 김밥을 먹는
③ 잘할 수 있는
④ 재미있게 노는

풀이 explanation

나는 춤을 잘 추지 못하고 노래도 잘 못해서 잘할 수 있는 친구들이 부러웠다는 내용이다.

| 주요 표현 |
- 소풍
- 이기다
- 자랑
- 부럽다
- 그립다

The content is that I was envious of my friends who were good at things because I couldn't dance or sing well.

| Key expressions |
- picnic
- to win
- boast
- to be envious
- to miss

정답 answer ③

【 토픽I 69번 문제 B 】

> 전략 strategy
>
> - 무엇에 대한 내용인지 알아야 한다. You need to understand what the content is about.
> - 내용을 자세히 이해하고 빈칸에 들어갈 표현을 찾아야 한다. You need to understand the content in detail and find the expression that fits in the blank.

※ [67~70] 다음을 읽고 물음에 답하십시오. (각 3점)

> 저는 대학교에 다니기 때문에 기숙사에서 삽니다. 기숙사에 식당도 있고 도서관도 있어서 좋습니다. 부모님은 저를 걱정해서 매일 전화를 합니다. 부모님은 제가 밥을 잘 먹고 아프지 않은지 물어봅니다. 저는 무엇을 먹고 무엇을 했는지 부모님께 자세히 설명합니다. 그리고 제가 먹은 음식 사진도 보냅니다. 부모님과 같이 살 때보다 지금 더 많이 부모님과 이야기를 합니다. 저는 (　㉠　) 부모님과 같이 있는 것 같아서 외롭지 않습니다. 방학이 되면 제일 먼저 부모님을 만나러 갈 겁니다.

69. ㉠에 들어갈 말로 가장 알맞은 것을 고르십시오.

① 매일 전화하지만

② 대학교에 다니지만

③ 기숙사에서 혼자 살지만

④ 부모님과 이야기를 하지만

> 풀이 explanation
>
> 나는 기숙사에서 혼자 살지만 부모님과 매일 전화하기 때문에 부모님과 같이 있는 것 같다는 내용이다.
>
> | 주요 표현 |
> - 도서관
> - 걱정하다
> - 물어보다
> - 외롭다
> - 방학
>
> The content is that even though I live alone in a dormitory, I feel like I'm with my parents because I talk to them on the phone every day.
>
> | Key expressions |
> - library
> - to worry
> - to ask
> - to be lonely
> - vacation

정답 answer ③

☑ 주요 표현 Key expressions

- **소풍** picnic

  소풍을 갈 때 저는 김밥을 준비합니다. I prepare gimbap when I go on a picnic.

- **이기다** to win

  축구 시합에서 우리 팀이 이기면 기분이 좋습니다. I feel good when my team wins a soccer game.

- **자랑** boast

  친구들은 좋은 것이 있으면 다른 친구들에게 자랑을 합니다. Friends boast to other friends when they have something good.

- **부럽다** to be envious

  저는 한국말을 잘하는 친구가 부럽습니다. I'm envious of my friend who is good at Korean.

- **그립다** to miss

  오랫동안 가족들을 만나지 못해서 많이 그립습니다. I miss my family a lot because I haven't seen them for a long time.

- **도서관** library

  시험 때 도서관에서 공부하는 학생이 많습니다. There are many students studying in the library during exam time.

- **걱정하다** to worry

  아이가 아프면 부모는 많이 걱정합니다. Parents worry a lot when their child is sick.

- **물어보다** to ask

  저는 모르는 것이 있을 때 한국 친구에게 물어봅니다. When I have something I don't know, I ask my Korean friend.

- **외롭다** to be lonely

  저는 한국에서 살 때 친구가 없어서 외로웠습니다. I was lonely when I lived in Korea because I had no friends.

- **방학** vacation

  저는 방학에 여행을 많이 합니다. I travel a lot during vacation.

5 글의 순서 파악하기 Understanding the order of the text

【토픽I 57번 문제 A】

전략 strategy
- 생활에 관한 내용을 이해해야 한다. You need to understand the content about life.
- 내용에 맞는 문장의 순서를 알아야 한다. You need to know the correct order of sentences that fit the content.

※ [57~58] 다음을 순서에 맞게 배열한 것을 고르십시오.

57. (3점)

(가) 사람들이 많지 않아서 시끄럽지 않았습니다.
(나) 산책을 끝내고 공원 벤치에 앉아서 쉬었습니다.
(다) 어제 친구와 같이 공원으로 산책을 하러 갔습니다.
(라) 조용한 공원을 걸으면서 깨끗한 공기를 마시니까 기분이 좋았습니다.

① (다)-(라)-(가)-(나)
② (다)-(가)-(라)-(나)
③ (라)-(다)-(가)-(나)
④ (라)-(가)-(다)-(나)

풀이 explanation

친구와 같이 공원에 갔는데 사람이 많지 않고 조용한 공원에서 깨끗한 공기를 마시니까 기분이 좋았다는 내용이다.

| 주요 표현 |
- 산책
- 시끄럽다
- 걷다
- 끝내다
- 쉬다

The content is that I went to the park with my friend, there weren't many people, and I felt good breathing the clean air in the quiet park.

| Key expressions |
- walk
- to be noisy
- to walk
- to finish
- to rest

정답 answer ②

【토픽I 57번 문제 B】

> **전략 strategy**
> - 생활에 관한 내용을 이해해야 한다. You need to understand the content about life.
> - 내용에 맞는 문장의 순서를 알아야 한다. You need to know the correct order of sentences that fit the content.

※ [57~58] 다음을 순서에 맞게 배열한 것을 고르십시오.

57. (3점)

> (가) 어제 처음 시내에 나가서 운전을 했습니다.
> (나) 저는 한 달 동안 학원에서 운전을 연습했습니다.
> (다) 시내에 차도 많고 신호등도 많아서 힘들었습니다.
> (라) 선생님께서 열심히 가르쳐 주셔서 재미있게 배웠습니다.

① (가)-(다)-(나)-(라) ② (가)-(라)-(나)-(다)
③ (나)-(라)-(가)-(다) ④ (나)-(가)-(다)-(라)

풀이 explanation

한 달 동안 운전을 연습했고 어제 처음 시내에서 운전을 했는데 힘들었다는 내용이다.

| 주요 표현 |
- 학원
- 운전
- 연습하다
- 시내
- 신호등

The content is that I practiced driving for a month and drove in the city for the first time yesterday, but it was difficult.

| Key expressions |
- academy
- drive
- to practice
- downtown
- traffic light

정답 answer ③

☑ 주요 표현 Key expressions

- 산책 walk

  저는 매일 강아지와 산책을 합니다. I take a walk with my dog every day.

- 시끄럽다 to be noisy

  밖이 시끄러워서 잘 자지 못했습니다. I couldn't sleep well because it was noisy outside.

- 걷다 to walk

  저는 버스를 타지 않고 걸어서 학교에 갔습니다. I walked to school instead of taking the bus.

- 끝내다 to finish

  저는 저녁을 먹기 전에 숙제를 끝냅니다. I finish my homework before eating dinner.

- 쉬다 to rest

  주말에는 학교에 가지 않고 집에서 쉽니다. I don't go to school on weekends and rest at home.

- 학원 academy

  저는 어렸을 때 피아노 학원에 다녔습니다. I went to a piano academy when I was young.

- 운전 drive

  저는 운전을 할 수 있지만 차가 없습니다. I can drive, but I don't have a car.

- 연습하다 to practice

  저는 노래를 잘하고 싶어서 열심히 연습합니다. I practice hard because I want to sing well.

- 시내 downtown

  시내에 여러 가지를 파는 가게가 많습니다. There are many stores in the city that sell various things.

- 신호등 traffic light

  빨간 신호등일 때 길을 건너면 안 됩니다. You shouldn't cross the street when the traffic light is red.

5 글의 순서 파악하기 Understanding the order of the text

【토픽I 58번 문제 A】

전략 strategy

- 무엇에 대해서 설명하는지 이해해야 한다. You need to understand what the content is about.
- 내용에 맞는 문장의 순서를 알아야 한다. You need to know the correct order of sentences that fit the content.

※ [57~58] 다음을 순서에 맞게 배열한 것을 고르십시오.

58. (2점)

> (가) 대부분의 물은 바닷물이기 때문입니다.
> (나) 사람은 살기 위해서 물이 꼭 필요합니다.
> (다) 하지만 사람이 마실 수 있는 물은 많지 않습니다.
> (라) 바닷물을 마실 수 있는 물로 바꿀 수 있지만 돈이 많이 듭니다.

① (나)-(다)-(가)-(라)　　② (나)-(라)-(가)-(다)
③ (라)-(나)-(다)-(가)　　④ (라)-(가)-(다)-(나)

➕ 풀이 explanation

사람은 물이 필요하지만 마실 수 있는 물이 많지 않고 바닷물을 마실 수 있는 물로 바꾸려면 돈이 많이 든다는 내용이다.

| 주요 표현 |
- 꼭
- 필요하다
- 대부분
- 바꾸다
- 돈이 들다

The content is that people need water, but there is not much drinkable water, and it costs a lot of money to convert seawater into drinkable water.

| Key expressions |
- definitely
- to need
- most
- to change
- to cost money

정답 answer ①

【토픽I 58번 문제 B】

전략 strategy

- 무엇에 대해서 설명하는지 이해해야 한다. You need to understand what the content is about.
- 내용에 맞는 문장의 순서를 알아야 한다. You need to know the correct order of sentences that fit the content.

※ [57~58] 다음을 순서에 맞게 배열한 것을 고르십시오.

58. (2점)

(가) 그래서 플라스틱 쓰레기가 많아지고 있습니다.
(나) 이런 쓰레기 때문에 많은 동물과 물고기들이 죽습니다.
(다) 플라스틱은 값이 싸고 편리하기 때문에 많이 사용합니다.
(라) 플라스틱 쓰레기는 시간이 많이 지나도 없어지지 않습니다.

① (다)-(나)-(라)-(가)   ② (다)-(가)-(라)-(나)
③ (라)-(나)-(가)-(다)   ④ (라)-(다)-(가)-(나)

풀이 explanation

플라스틱을 많이 사용하기 때문에 플라스틱 쓰레기가 많아지고 플라스틱 쓰레기가 없어지지 않기 때문에 동물과 물고기들이 많이 죽는다는 내용이다.

The content is that because we use a lot of plastic, there is a lot of plastic waste, and because plastic waste doesn't disappear quickly, many animals and fish die.

| 주요 표현 |
- 편리하다
- 사용하다
- 쓰레기
- 시간이 지나다
- 없어지다

| Key expressions |
- to be convenient
- to use
- trash
- time passes
- to disappear

정답 answer ②

☑ 주요 표현 Key expressions

- **꼭** definitely
  약속을 하면 꼭 지켜야 합니다. If you make a promise, you must definitely keep it.

- **필요하다** to need
  외국 여행을 하려면 여권이 필요합니다. You need a passport to travel abroad.

- **대부분** most
  학생들은 대부분 시험을 싫어합니다. Most students dislike exams.

- **바꾸다** to change
  새로 산 옷이 작아서 큰 것으로 바꿨습니다. I exchanged the new clothes I bought for a larger size because they were small.

- **돈이 들다** to cost money
  집에서 요리하지 않고 식당에서 먹으면 돈이 많이 듭니다. If you don't cook at home and eat at a restaurant, it costs a lot of money.

- **편리하다** to be convenient
  기숙사에 세탁기와 청소기가 있어서 편리합니다. It's convenient because there's a washing machine and a vacuum cleaner in the dormitory.

- **사용하다** to use
  저는 시험을 볼 때 볼펜을 사용합니다. I use a ballpoint pen when I take exams.

- **쓰레기** trash
  음식쓰레기는 다른 쓰레기와 따로 버립니다. Food waste is disposed of separately from other waste.

- **시간이 지나다** time passes
  나쁜 일도 시간이 지나면 잊어버립니다. Even bad things are forgotten as time passes.

- **없어지다** to disappear
  전에는 공중전화가 많았는데 지금은 없어졌습니다. There used to be many payphones, but now they're gone.

유형3 표현 익히기 | Type3 Learning expressions

문제 번호	어휘	영어	중국어	일본어	베트남어
40	채소	vegetables	蔬菜	野菜	rau củ
	빵	bread	面包	パン	bánh mì
	원	won	韩元	ウォン	won (đơn vị tiền hàn)
	까지	until	到…为止	まで	cho đến
	아이스크림	ice cream	冰淇淋	アイスクリーム	kem
	딸기	strawberry	草莓	いちご	dâu tây
	맛	flavor	味道	味	mùi vị
41	신입생	freshman	新生	新入生	học sinh mới
	모임	gathering	聚会	集まり	buổi gặp mặt
	오리엔테이션	orientation	说明会	オリエンテーション	buổi định hướng
	소개	introduce	介绍	紹介	giới thiệu
	식사	meal	吃饭	食事	bữa ăn
	중고	secondhand	二手	中古	đồ cũ
	팔다	to sell	卖	売る	bán
	나무	tree	树	木	cây
	넓다	to be wide	宽敞	広い	rộng
	연락처	contact information	联系方式	連絡先	thông tin liên lạc
42	맛집	delicious restaurant	美食店	グルメ店	quán ăn ngon
	같이	together	一起	一緒に	cùng nhau
	맛있다	to be delicious	好吃	美味しい	ngon
	점심	lunch	午饭	昼ごはん	bữa trưa
	다음에	next time	下次	今度	lần sau
	주말	weekend	周末	週末	cuối tuần
	박물관	museum	博物馆	博物館	bảo tàng
	바쁘다	to be busy	忙	忙しい	bận rộn
	앞	front	前面	前	phía trước
	만나다	to meet	见面	会う	gặp mặt
43	그래서	therefore	所以	だから	vì vậy

문제 번호	어휘	영어	중국어	일본어	베트남어
43	체육관	gym	体育馆	体育館	phòng tập thể dục
	자주	often	经常	よく	thường xuyên
	근처	near	附近	近く	gần
	하지만	but	但是	しかし	nhưng mà
	못하다	cannot	不能	できない	không thể
	저녁	evening	晚上	夕食	bữa tối
	약속	appointment	约定	約束	cuộc hẹn
	같이	together	一起	一緒に	cùng nhau
44	생일	birthday	生日	誕生日	sinh nhật
	선물	present	礼物	プレゼント	quà
	노래방	karaoke	KTV	カラオケ	quán karaoke
	즐겁다	to be fun	快乐	楽しい	vui vẻ
	놀다	to play	玩	遊ぶ	chơi
	백화점	department store	百货商店	デパート	trung tâm thương mại
	바지	pants	裤子	ズボン	quần
	벌	counter for clothes	条	本	bộ
	재미있다	to be fun	有趣	面白い	thú vị
	구경하다	to look around	逛	見物する	xem
45	여행	travel	旅行	旅行	du lịch
	역	station	车站	駅	ga
	점심	lunch	午饭	昼ごはん	bữa trưa
	도착하다	to arrive	到达	到着する	đến nơi
	제일	most	最	一番	nhất
	시험	exam	考试	試験	bài kiểm tra
	도서관	library	图书馆	図書館	thư viện
	늦게	late	晚	遅く	muộn
	어렵다	to be difficult	难	難しい	khó
	걸리다	to take (time)	得（病）	かかる	mất (thời gian)
50	대학원	graduate school	研究生院	大学院	cao học

유형3 표현 익히기 | Type3 Learning expressions

문제 번호	어휘	영어	중국어	일본어	베트남어
50	다니다	to attend	上	通う	thường xuyên lui tới (đi học)
	모르다	to not know	不知道	知らない	không biết
	선배	senior	前辈	先輩	tiền bối
	학교생활	school life	学校生活	学校生活	cuộc sống ở trường
	사귀다	to make friends	交往	付き合う	kết bạn
	수영	swimming	游泳	水泳	bơi lội
	기분	feeling	心情	気分	tâm trạng
	스트레스가 풀리다	to relieve stress	减压	ストレスが解消する	giải tỏa căng thẳng
	건강해지다	to become healthy	变健康	健康になる	trở nên khỏe mạnh
	피곤하다	to be tired	疲倦	疲れる	mệt mỏi
54	수업	class	上课	授業	tiết học
	예매	booking in advance	预订	予約	mua vé trước
	소개하다	to introduce	介绍	紹介する	giới thiệu
	한식	Korean food	韩食	韓国料理	món ăn hàn quốc
	즐겁다	to be fun	快乐	楽しい	vui vẻ
	시합	match	比赛	試合	trận đấu
	놀라다	to be surprised	吃惊	驚く	ngạc nhiên
	춤을 추다	to dance	跳舞	ダンスを踊る	nhảy
	응원	cheer	应援	応援	cổ vũ
	아프다	to be painful	生病	痛い	đau
56	도시	city	城市	都市	thành phố
	이용하다	to use	利用	利用する	sử dụng
	편리하다	to be convenient	方便	便利だ	tiện lợi
	공기	air	空气	空気	không khí
	쉬다	to rest	休息	休む	nghỉ ngơi
	박물관	museum	博物馆	博物館	bảo tàng
	모이다	to gather	聚集	集まる	tụ tập

문제 번호	어휘	영어	중국어	일본어	베트남어
56	특히	especially	特别是	特に	đặc biệt là
	새로	new	重新	新しく	mới
	찾다	to find	找	探す	tìm kiếm
60	근처	near	附近	近く	gần
	비싸다	to be expensive	贵	高い	đắt
	가깝다	to be close	近	近い	gần
	힘들다	to be difficult	辛苦	つらい	khó khăn
	끝나다	to finish	结束	終わる	kết thúc
	매일	every day	每天	毎日	hàng ngày
	주중	weekdays	周中	平日	ngày thường
	집안일	housework	家务	家事	việc nhà
	빨래	laundry	洗衣服	洗濯	giặt giũ
	청소	cleaning	打扫	掃除	dọn dẹp
62	휴일	holiday	假日	休日	ngày nghỉ
	취미	hobby	爱好	趣味	sở thích
	복잡하다	to be crowded	复杂	複雑だ	phức tạp
	다니다	to attend	上	通う	thường xuyên lui tới (đi học)
	사진을 찍다	to take pictures	拍照	写真を撮る	chụp ảnh
	인기	popular	受欢迎	人気	nổi tiếng
	켜다	to turn on	打开	つける	bật
	팔다	to sell	卖	売る	bán
	관심	interest	关心	関心	mối quan tâm
	간단하다	to be simple	简单	簡単だ	đơn giản
64	물건	things	东西	物	đồ vật
	필요 없다	to be unnecessary	不需要	必要ない	không cần
	행사	event	活动	行事	sự kiện
	올해	this year	今年	今年	năm nay
	참가비	participation fee	参加费	参加費	phí tham gia
	문화	culture	文化	文化	văn hóa

유형3 표현 익히기 Type3 Learning expressions

문제 번호	어휘	영어	중국어	일본어	베트남어
64	시민	citizen	市民	市民	công dân
	다양하다	to be diverse	多样	多様だ	đa dạng
	무료	free	免费	無料	miễn phí
66	기억력	memory	记忆力	記憶力	trí nhớ
	식욕	appetite	食欲	食欲	sự thèm ăn
	적당하다	to be appropriate	适当	適度だ	vừa phải
	낮잠을 자다	to take a nap	睡午觉	昼寝をする	ngủ trưa
	피로가 풀리다	to relieve fatigue	消除疲劳	疲れが取れる	giải tỏa mệt mỏi
	줄이다	to reduce	减少	減らす	giảm
	냄새를 맡다	to be smell	闻味道	匂いを嗅ぐ	ngửi mùi
	익숙하다	to be familiar	熟悉	慣れている	quen thuộc
	도움	help	帮助	助け	sự giúp đỡ
	잠이 오다	to fall asleep	想睡觉	眠くなる	buồn ngủ
	특별하다	to be special	特别	特別だ	đặc biệt
68	재료	ingredients	材料	材料	nguyên liệu
	끓이다	to boil	煮	沸かす	đun sôi
	힘이 나다	to gain energy	精神焕发	元気が出る	tràn đầy năng lượng
	땀이 나다	to sweat	出汗	汗が出る	đổ mồ hôi
	오래되다	to be old	陈旧	古い	lâu đời
	옛날	old days	古	昔	ngày xưa
	적어지다	to be decrease	减少	少なくなる	giảm đi
	볼거리	things to see	看点	見どころ	điều thú vị đáng xem
	먹거리	things to eat	美食	食べ物	món ăn đáng thử
70	버리다	to throw away	扔掉	捨てる	vứt bỏ
	냄새가 나다	to be smell	有味道	臭いがする	có mùi
	더럽다	to be dirty	脏	汚い	bẩn
	찾다	to visit	寻找	探す	tìm kiếm
	바뀌다	to be changed	改变	変わる	thay đổi
	오랜만에	after a long time	好久不见	久しぶりに	đã lâu rồi

문제 번호	어휘	영어	중국어	일본어	베트남어
70	정리하다	to organize	整理	整理する	dọn dẹp
	졸업하다	to graduate	毕业	卒業する	tốt nghiệp
	귀엽다	to be cute	可爱	可愛い	dễ thương
	기억하다	to remember	记得	覚えている	ghi nhớ
55	경험하다	to experience	经历	経験する	trải nghiệm
	문을 열다	to open	开门	ドアを開ける	mở cửa
	다양하다	to be diverse	多样	多様だ	đa dạng
	즐기다	to be enjoy	享受	楽しむ	tận hưởng
	찾아오다	to visit	来访	訪れる	tìm đến
	유명하다	to be famous	有名	有名だ	nổi tiếng
	미술관	art museum	美术馆	美術館	bảo tàng mỹ thuật
	도시	city	城市	都市	thành phố
	줄다	to decrease	减少	減る	cho, tặng
	자주	often	经常	よく	thường xuyên
59	기숙사	dormitory	宿舍	寮	ký túc xá
	조용히	quietly	安静地	静かに	yên tĩnh
	도와주다	to help	帮助	助ける	giúp đỡ
	혼자	alone	独自	一人	một mình
	학교생활	school life	学校生活	学校生活	cuộc sống ở trường
	들어가다	to enter	进去	入る	đi vào, bước vào
	준비하다	to prepare	准备	準備する	chuẩn bị
	어렵다	to be difficult	困难	難しい	khó
	기사	article	文章	記事	bài báo
	이해하다	to understand	理解	理解する	hiểu
61	달	month	月	月	tháng
	이사	move	搬家	引っ越し	chuyển nhà
	조용하다	to be quiet	安静	静かだ	yên tĩnh
	올라가다	to go up	上升	上がる	đi lên
	스트레스가 풀리다	to relieve stress	释放压力	ストレスが解消する	giải tỏa căng thẳng

유형3 표현 익히기 | Type3 Learning expressions

문제 번호	어휘	영어	중국어	일본어	베트남어
61	괜찮다	to be okay	没关系	大丈夫だ	không sao
	편의점	convenience store	便利店	コンビニ	cửa hàng tiện lợi
	아르바이트	part-time job	打工	アルバイト	việc làm thêm
	밤	night	晚上	夜	buổi tối
	피곤하다	to be tired	疲倦	疲れている	mệt mỏi
	손님	customer	客人	お客さん	khách
	쉬다	to rest	休息	休む	nghỉ ngơi
67	살을 빼다	to lose weight	减肥	痩せる	giảm cân
	살이 빠지다	to lose flesh	变瘦	痩せる	sụt cân
	심하다	to be severe	严重	ひどい	nghiêm trọng
	살이 찌다	to gain weight	变胖	太る	tăng cân
	적당하다	to be appropriate	适当	ちょうど良い	vừa phải
	직접	directly	直接	直接	trực tiếp
	아무 때나	anytime	随时	いつでも	bất cứ lúc nào
	주문하다	to order	点餐	注文する	đặt hàng
	설명	explanation	说明	説明	giải thích
	선택하다	to choose	选择	選ぶ	lựa chọn
69	소풍	picnic	野餐	ピクニック	dã ngoại
	이기다	to win	赢	勝つ	chiến thắng
	자랑	boast	自豪	自慢	tự hào
	부럽다	to be envious	羡慕	羨ましい	ghen tị
	그립다	to miss	想念	懐かしい	nhớ
	도서관	library	图书馆	図書館	thư viện
	걱정하다	to worry	担心	心配する	lo lắng
	물어보다	to ask	提问	尋ねる	hỏi
	외롭다	to be lonely	孤独	寂しい	cô đơn
	방학	vacation	放假	休み	kỳ nghỉ
57	산책	walk	散步	散歩	đi dạo
	시끄럽다	to be noisy	吵闹	うるさい	ồn ào
	걷다	to walk	走路	歩く	đi bộ
	끝내다	to finish	结束	終える	hoàn thành

문제 번호	어휘	영어	중국어	일본어	베트남어
57	쉬다	to rest	休息	休む	nghỉ ngơi
	학원	academy	补习班	塾	học viện
	운전	drive	开车	運転	lái xe
	연습하다	to practice	练习	練習する	luyện tập
	시내	downtown	市中心	市内	trung tâm thành phố
	신호등	traffic light	红绿灯	信号	đèn giao thông
58	꼭	definitely	一定	必ず	nhất định
	필요하다	to need	需要	必要だ	cần thiết
	대부분	most	大部分	大部分	phần lớn
	바꾸다	to change	更换	変える	thay đổi
	돈이 들다	to cost money	花钱	お金がかかる	tốn tiền
	편리하다	to be convenient	方便	便利だ	tiện lợi
	사용하다	to use	使用	使う	sử dụng
	쓰레기	trash	垃圾	ゴミ	rác
	시간이 지나다	time passes	时间流逝	時が経つ	thời gian trôi qua
	없어지다	to disappear	消失	なくなる	biến mất

Appendix

1. 읽기 지문 번역 Reading passage translations
2. 표현 색인 Expression index
3. OMR 답안지 작성법 How to fill out the OMR answer sheet

읽기 지문 번역 Reading passage translations

【유형 1】알맞은 표현 찾기 [Type 1] Finding the appropriate expression

1 알맞은 동사 찾기 Finding the appropriate verb

34.	A	노래를 부릅니다. 아주 재미있습니다.	I sing a song. It's very fun.
	B	물을 마십니다. 물이 시원합니다.	I drink water. The water is refreshing.
36.	A	저는 요리사입니다. 식당에서 음식을 만듭니다.	I am a chef. I make food at a restaurant.
	B	저는 학생입니다. 대학교에서 역사를 배웁니다.	I am a student. I study history at university.

2 알맞은 명사 찾기 Finding the appropriate noun

35.	A	배우를 좋아합니다. 매일 드라마를 봅니다.	I like actors. I watch dramas every day.
	B	한국 음식을 좋아합니다. 자주 김치를 먹습니다.	I like Korean food. I eat kimchi often.

3 알맞은 형용사 찾기 Finding the appropriate adjective

37.	A	저는 요즘 한가합니다. 일이 적습니다.	I'm free these days. I have little work.
	B	집에서 병원이 가깝습니다. 집 옆에 있습니다.	The hospital is close to my house. It's next to my house.

4 알맞은 부사 찾기 Finding the appropriate adverb

38.	A	조금만 기다리십시오. 금방 도착합니다.	Please wait a little bit. It will arrive soon.
	B	시간이 많습니다. 천천히 걸어서 갑니다.	There is a lot of time. Let's walk slowly.

5   알맞은 조사 찾기 Finding the appropriate particle

39. Ⓐ   오늘 약속이 있습니다. 친구를 만납니다.

I have an appointment today. I'm meeting a friend.

Ⓑ   책상이 있습니다. 책상 위에 컴퓨터가 있습니다.

There is a desk. There's a computer on the desk.

6   알맞은 접속사 찾기 Finding the appropriate conjunction

49. Ⓐ   저는 편의점에서 일합니다. 휴일에도 일하지만 월요일에는 쉽니다. 제가 일하는 편의점은 버스 정류장 근처에 있습니다. 매일 손님이 많습니다. 아침에는 김밥을 사는 사람이 많습니다. 그리고 커피를 사는 사람도 많습니다. 일이 힘들지만 손님들이 친절하게 인사할 때 기분이 좋습니다.

I work at a convenience store. I work even on holidays, but I rest on Mondays. The convenience store I work at is near the bus stop. There are many customers every day. In the morning, many people buy gimbap. And many people also buy coffee. The work is hard, but I feel good when customers greet me kindly.

Ⓑ   저는 어제 친구들을 만났습니다. 우리는 저녁을 먹고 노래방에 갔습니다. 친구들이 노래를 불렀습니다. 모두 가수처럼 노래를 잘 불렀습니다. 하지만 저는 노래를 부르지 않았습니다. 저는 노래방에 가면 보통 친구들 노래를 듣습니다. 저는 노래를 잘 부르지 못합니다.

I met my friends yesterday. We had dinner and went to a karaoke room. My friends sang. Everyone sang well like singers. But I didn't sing. I usually listen to my friends sing when I go to karaoke. I can't sing well.

7   알맞은 연결어미 찾기 Finding the appropriate connective ending

51. Ⓐ   인주시에서는 시민들이 이용할 수 있는 공원을 만듭니다. 그동안 공원이 없어서 많이 불편했습니다. 공원을 만들면 시민들이 운동도 할 수 있고 쉴 수도 있습니다. 공원은 5월에 문을 여는데 자전거도 탈 수 있습니다. 또 주차장이 있어서 차를 가지고 오는 사람도 편리하게 이용할 수 있습니다.

Inju City is creating a park for citizens to use. It was very inconvenient because there was no park before. If we make a park, citizens can exercise and rest. The park opens in May and you can also ride bicycles. Also, there's a parking lot, so it's convenient for people who come by car.

Ⓑ   전에는 종이책으로 공부를 하고 책을 읽었습니다. 하지만 요즘은 전자책을 사용하는 사람이 많습니다. 전자책은 종이책보다 값이 싸기 때문에 사람들이 좋아합니다. 그리고 종이책은 무거우니까 가지고 다니기가 불편합니다. 하지만 전자책은 휴대전화만 있으면 책을 볼 수 있어서 큰 가방이 필요하지 않습니다.

In the past, people used to study and read books with paper books. But these days, many people use e-books. People like e-books because they are cheaper than paper books. Also, paper books are heavy, so it's inconvenient to carry them around. But with e-books, you can read books with just your cell phone, so you don't need a big bag.

8 알맞은 문형 찾기 Finding the appropriate sentence pattern

53. **A** 저는 어제 약속이 있었습니다. 시간이 없어서 택시를 타려고 했습니다. 하지만 택시를 잡기가 어려워서 지하철을 탔습니다. 지하철에 사람이 많아서 짜증이 났습니다. 약속 시간에 늦어서 친구에게 미안했습니다. 제가 사과하기 전에 친구가 먼저 웃으면서 인사를 했습니다. 친구가 고마웠습니다.

I had an appointment yesterday. I was going to take a taxi because I didn't have time. But it was hard to catch one, so I took the subway. The subway was crowded, so I got annoyed. I was late for the appointment, so I felt sorry for my friend. Before I could apologize, my friend greeted me first with a smile. I was grateful to my friend.

B 오랜만에 친구와 한강 공원에 갔습니다. 주말을 즐기는 사람들이 많았습니다. 산책을 하는 사람도 있고 음식을 먹는 사람도 있었습니다. 친구와 저는 커피를 마시러 갔습니다. 줄을 서서 차례를 기다리는 동안 이야기를 많이 했습니다. 친구를 만나니까 정말 기분이 좋았습니다.

I went to Han River Park with my friend after a long time. There were many people enjoying the weekend. Some people were taking a walk and others were eating. My friend and I went to drink coffee. We talked a lot while waiting in line for our turn. I felt really good to see my friend.

65. **A** 피곤할 때 커피를 마시면 덜 피곤해집니다. 커피에 들어 있는 카페인 때문입니다. 사람들은 졸리거나 힘들 때 커피를 마십니다. 그러면 집중이 잘 되고 힘이 납니다. 운동 선수들은 시합에 집중하기 위해서 커피를 마십니다. 하지만 커피를 너무 많이 마시면 잠을 못 자게 됩니다. 그래서 조심해야 합니다.

When you're tired, drinking coffee makes you less tired. It's because of the caffeine in coffee. People drink coffee when they're sleepy or tired. Then they can concentrate better and feel energized. Athletes drink coffee to focus on their games. But if you drink too much coffee, you won't be able to sleep. So you need to be careful.

B 사람들은 스트레스가 쌓일 때 단 음식을 먹습니다. 단 음식을 먹으면 기분이 좋아집니다. 그래서 식사를 한 후에 케이크처럼 단 음식을 많이 먹습니다. 그리고 음식을 만들 때 설탕을 많이 사용합니다. 그렇지만 단 음식을 너무 많이 먹으면 안 됩니다. 건강이 나빠지거나 병이 생길 수 있습니다.

People eat sweet food when they are stressed. Eating sweet food makes them feel better. So they eat a lot of sweet food like cake after meals. And they use a lot of sugar when cooking. However, you shouldn't eat too much sweet food. It can be bad for your health or cause illness.

【유형2】 전체 내용 이해하기 [Type 2] Understanding the overall content

1 주제 찾기 Finding the topic

31.	A	떡볶이가 맛있습니다. 만두도 맛있습니다.	Tteokbokki is delicious. Mandu is also delicious.
	B	지금은 오월입니다. 오늘은 오월 팔일입니다.	It's May now. Today is May 8th.
32.	A	비가 옵니다. 우산을 씁니다.	It's raining. I use an umbrella.
	B	백화점에 갑니다. 물건을 삽니다.	I go to the department store. I buy things.
33.	A	선물을 많이 받습니다. 기분이 좋습니다.	I receive many gifts. I feel good.
	B	우체국에 갑니다. 학교 옆에 있습니다.	I go to the post office. It's next to the school.

2 중심 내용 찾기 Finding the main idea

46.	A	저는 친구와 같이 삽니다. 친구는 중국에서 왔습니다. 친구가 만든 중국 음식이 아주 맛있습니다. 저도 중국 요리를 배우고 싶습니다.	I live with my friend. My friend is from China. The Chinese food my friend makes is very delicious. I also want to learn how to cook Chinese food.
	B	제 동생은 외국어를 잘합니다. 동생은 여러 나라에 여행을 갑니다. 저도 외국어를 배워서 해외여행을 가고 싶습니다.	My younger sibling is good at foreign languages. My sibling travels to many countries. I also want to learn a foreign language and travel abroad.
47.	A	저는 시간이 있을 때 사진을 찍으러 갑니다. 산에 가서 예쁜 꽃도 찍고 바다에 가서 아름다운 경치도 찍습니다. 빨리 주말이 되었으면 좋겠습니다.	I go to take pictures when I have time. I go to the mountains to take pictures of pretty flowers and to the sea to take pictures of beautiful scenery. I wish it were the weekend soon.
	B	저는 시장에 자주 갑니다. 물건을 사지 않지만 구경하는 것을 좋아합니다. 내일은 가까운 시장에 가서 구경도 하고 맛있는 것도 먹을 겁니다.	I often go to the market. I don't buy anything, but I like to look around. Tomorrow, I'm going to go to a nearby market to look around and eat something delicious.

48. **A** 집에 책상이 없어서 일하기가 불편합니다. 그래서 오늘 작은 책상을 사려고 합니다. 비싸지 않은 책상이 있었으면 좋겠습니다.

It's inconvenient to work because I don't have a desk at home. So I'm going to buy a small desk today. I hope there's a desk that's not too expensive.

B 내일은 제 생일입니다. 그래서 고향 음식을 준비하고 친구들을 초대할 겁니다. 친구들이 많이 왔으면 좋겠습니다.

Tomorrow is my birthday. So I'm going to prepare hometown food and invite my friends. I hope many friends come.

52. **A** 인주시에서는 주말에 '차 없는 거리'를 만듭니다. 주말에는 시청 근처에 사람들이 많이 모입니다. 그래서 차가 다니면 위험합니다. 주말에 차가 없어서 사람들이 안전하게 거리를 구경할 수 있습니다. 거리에서 노래를 부르는 사람도 있고 춤을 추는 사람도 있습니다.

Inju City creates a "car-free street" on weekends. Many people gather near City Hall on weekends. So it's dangerous if cars drive by. Because there are no cars on weekends, people can safely enjoy the street. There are people singing and dancing on the street.

B 요즘 청소년들에게 인기가 있는 직업은 연예인입니다. 전에는 선생님이나 공무원이 인기가 있었습니다. 하지만 영화나 드라마가 인기가 많아져서 배우가 되고 싶어 하는 사람이 많습니다. 그리고 가수가 되려고 하는 사람도 많습니다.

The most popular job among young people these days is being a celebrity. In the past, teachers or public officials were popular. But as movies and dramas have become more popular, many people want to become actors. And many people also want to become singers.

63. **A** 제목: 직원 여러분, 안녕하십니까?

직원 여러분께

안녕하십니까? 우리 회사의 직원 노래 대회가 다음과 같이 열립니다. 많은 분들의 관심과 신청을 바랍니다.

- 일시: 10월 5일 토요일 11:00
- 장소: 3층 회의실
- 신청 방법: 9월 20일 금요일까지 이메일 (mskim@hankuk.com)로 신청

Title: Hello, employees.

To all employees

Hello. Our company's employee singing contest will be held as follows. We look forward to your interest and applications.

- Date: Saturday, October 5th, 11:00 AM
- Location: 3rd floor conference room
- How to apply: Apply by email (mskim@hankuk.com) by Friday, September 20th

B	공지사항	Notice
	- 인주시 봄꽃 축제 -	- Inju City Spring Flower Festival -
	인주시 봄꽃 축제가 열립니다. 공원을 걸으면서 꽃구경도 하고 따뜻한 봄도 즐기시기 바랍니다. 참여하시는 모든 분에게 아름다운 꽃을 나누어 드립니다. 여러분의 행복한 시간을 만들어 드리겠습니다.	The Inju City Spring Flower Festival is being held. Take a walk in the park, enjoy the flowers, and enjoy the warm spring. We will share beautiful flowers with everyone who participates. We will create a happy time for you.
	- 날짜: 4월 15일 월요일 ~ 4월 28일 일요일	- Date: Monday, April 15th ~ Sunday, April 28th
	- 시간: 10:00~20:00	- Time: 10:00 AM ~ 8:00 PM
	- 장소: 인주공원	- Location: Inju Park

【유형 3】 세부 내용 이해하기 [Type3] Understanding specific details

1 광고의 내용 이해하기 Understanding the content of advertisements

40. A	채소빵 2025.03.03.까지 1,500원	vegetable bread Until 2025.03.03 1,500 won
B	아이스크림 딸기 맛 2025.07.15.까지 1,000원	ice cream strawberry flavor Until 2025.07.15 1,000 won
41. A	신입생 모임이 있습니다. 신입생 오리엔테이션 학교 소개, 점심 식사 5월 8일 12:00~14:00	There will be a freshman gathering. Freshman Orientation School introduction, lunch May 8th, 12:00 PM ~ 2:00 PM
B	중고 책상을 팝니다. 나무로 만든 책상 넓고 편한 책상 연락처: 010-1234-5678	Used desk for sale Wooden desk Spacious and comfortable desk Contact information: 010-1234-5678

2 문자메시지의 내용 이해하기 Understanding the content of text messages

42. **A** 수미: (음식 사진)
오늘 친구와 같이 맛집에 갔어요. 맛있는 점심을 먹었어요.
민희: 와! 저도 먹고 싶어요.
수미: 그럼, 다음에 같이 가요.

| Sumi: (Picture of food) I went to a delicious restaurant with a friend today. I had a delicious lunch.
| Minhee: Wow! I want to eat that too.
| Sumi: Then let's go together next time.

B 수미: 저는 주말에 박물관에 갈 거예요. 민희 씨도 갈 수 있어요?
민희: 네, 바쁘지 않아요.
수미: 그럼, 10시에 박물관 앞에서 만나요.

| Sumi: I'm going to the museum on the weekend. Can you go, Minhee?
| Minhee: Yes, I'm not busy.
| Sumi: Then let's meet in front of the museum at 10 o'clock.

3 글의 내용 이해하기 Understanding the content of texts

43. **A** 저는 운동을 좋아합니다. 그래서 자주 체육관에 갑니다. 오늘은 친구와 집 근처 공원에서 농구를 할 겁니다.

I like to exercise. So I often go to the gym. Today, I'm going to play basketball with my friend at the park near my house.

B 저는 한국 음식을 좋아합니다. 하지만 한국 음식을 만들지 못합니다. 오늘 저녁에 친구와 약속이 있습니다. 친구와 같이 불고기를 먹을 겁니다.

I like Korean food. But I can't cook Korean food. I have an appointment with a friend tonight. I'm going to eat bulgogi with my friend.

44. **A** 어제는 제 생일이었습니다. 친구들이 저에게 선물을 많이 주었습니다. 우리는 노래방에서 즐겁게 놀았습니다.

Yesterday was my birthday. My friends gave me a lot of presents. We had fun at the karaoke room.

B 오늘 친구와 백화점에 갔습니다. 친구가 바지를 한 벌 샀습니다. 우리는 백화점에서 재미있게 구경을 했습니다.

I went to the department store with my friend today. My friend bought a pair of pants. We had fun looking around the department store.

45. **A** 저는 주말에 부산으로 여행을 갔습니다. 서울역에서 점심을 먹고 기차를 탔습니다. 부산에 도착해서 제일 먼저 바다를 보러 갔습니다.

I went on a trip to Busan on the weekend. I had lunch at Seoul Station and took the train. When I arrived in Busan, the first thing I did was go see the ocean.

B 오늘 학교에서 시험이 있었습니다. 그래서 어제 도서관에서 늦게까지 공부를 했습니다. 시험이 어렵지 않았지만 시간이 많이 걸렸습니다.

I had an exam at school today. So I studied until late at the library yesterday. The exam wasn't difficult, but it took a long time.

50. Ⓐ 저는 대학원에서 공부하는 학생입니다. 저는 재미있는 텔레비전 프로그램을 만들고 싶어서 대학원에 다닙니다. 수업이 많고 어려워서 힘들지만 열심히 공부하고 있습니다. 모르는 것이 있을 때 선배들이 많이 도와줍니다. 그래서 즐겁게 학교생활을 합니다. 그리고 친구들을 많이 사귀어서 좋습니다.

I'm a graduate student. I'm attending graduate school because I want to make interesting television programs. It's hard because there are many classes and they are difficult, but I'm studying hard. My seniors help me a lot when I have questions. So I enjoy my school life. And it's good to have made many friends.

Ⓑ 저는 수영을 아주 좋아합니다. 그래서 여름에도 겨울에도 수영장에 자주 갑니다. 수영을 잘하지 못하지만 수영을 하면 기분이 좋아집니다. 스트레스도 풀리고 몸도 건강해집니다. 하지만 많이 피곤할 때는 수영장에 가지 않고 쉽니다. 그때는 집에서 음악도 듣고 영화도 봅니다.

I really like swimming. So I often go to the swimming pool in both summer and winter. I'm not good at swimming, but swimming makes me feel good. It relieves stress and makes me healthier. But when I'm very tired, I don't go to the swimming pool and rest instead. At those times, I listen to music and watch movies at home.

54. Ⓐ 저는 금요일에 수업이 없어서 친구와 여행을 갔습니다. 기차를 타고 싶었지만 예매를 하지 못해서 버스로 갔습니다. 버스에서 만난 분이 소개해 준 식당에서 맛있는 한식을 먹었습니다. 그리고 바다를 볼 수 있는 예쁜 카페에서 커피를 마셨습니다. 친구와 같이 있어서 정말 즐거웠습니다.

I didn't have class on Friday, so I went on a trip with my friend. I wanted to take the train, but I couldn't make a reservation, so I went by bus. We ate delicious Korean food at a restaurant recommended by someone I met on the bus. And we drank coffee at a pretty cafe where we could see the ocean. It was really fun being with my friend.

Ⓑ 저는 오늘 친구들과 축구 시합을 보러 갔습니다. 구경하러 온 사람이 너무 많아서 깜짝 놀랐습니다. 우리는 좋아하는 선수들을 응원했습니다. 노래도 부르고 춤도 추면서 열심히 응원을 했습니다. 목이 아프고 힘들었지만 정말 재미있었습니다. 다음에 또 보러 가고 싶습니다.

I went to watch a soccer game with my friends today. I was surprised that there were so many people there to watch. We cheered for our favorite players. We sang, danced, and cheered loudly. My throat hurt and I was tired, but it was really fun. I want to go see it again next time.

56. Ⓐ 남산공원은 도시 안에 있어서 이용하기가 편리합니다. 그래서 운동하는 사람, 산책을 하는 사람들이 많습니다. 이곳에는 나무가 많아서 공기가 깨끗하기 때문에 사람들이 좋아합니다. 가까운 곳에서 일하는 회사원들은 점심을 먹은 후에 이곳을 찾습니다. 꽃과 나무를 보면서 잠깐 쉬면 기분이 좋아집니다.

Namsan Park is conveniently located within the city. So there are many people exercising and taking walks. There are many trees here, so the air is clean, which is why people like it. Office workers who work nearby come here after lunch. It feels good to take a short break while looking at the flowers and trees.

B 2000년에 문을 연 자동차 박물관에 사람들이 모였습니다. 이 박물관에서는 50년 동안 우리나라에서 만든 자동차들을 볼 수 있습니다. 특히 주말에는 새로 나온 자동차도 볼 수 있어서 많은 사람들이 이곳을 찾습니다. 자동차를 사고 싶은 사람들은 이곳에서 여러 가지 자동차를 구경하고 살 수 있습니다.

People gathered at the Automobile Museum, which opened in 2000. At this museum, you can see cars made in our country for 50 years. Especially on weekends, you can also see newly released cars, so many people visit this place. People who want to buy a car can see and buy various cars here.

60. A 저는 학교 근처에 있는 원룸에 삽니다. 좀 비싸지만 학교가 가깝기 때문에 편합니다. 저는 버스나 지하철을 타지 않고 걸어서 학교에 갑니다. 날씨가 나쁠 때는 힘들지만 매일 운동을 할 수 있어서 좋습니다. 저는 수업이 끝나면 집에 가서 점심을 먹습니다. 인터넷을 보고 여러 가지 음식을 만드는 것이 재미있습니다.

I live in a studio apartment near the school. It's a bit expensive, but it's convenient because the school is close. I walk to school instead of taking the bus or subway. It's tough when the weather is bad, but it's good because I can exercise every day. After class, I go home and eat lunch. It's fun to look up recipes online and cook various dishes.

B 저는 매일 학교에 가기 때문에 주중에는 시간이 없습니다. 그래서 주말에 집안일을 합니다. 청소도 하고 빨래도 합니다. 빨래는 세탁기가 있기 때문에 힘들지 않습니다. 하지만 청소는 좀 힘듭니다. 그래서 저는 청소할 때 좋아하는 음악을 듣습니다. 음악을 들으면서 청소를 하면 기분이 좋습니다.

I don't have time during the weekdays because I go to school every day. So I do housework on weekends. I clean and do laundry. Laundry isn't difficult because I have a washing machine. But cleaning is a bit tiring. So I listen to my favorite music while cleaning. Cleaning while listening to music makes me feel good.

62. A 사람들은 휴일을 기다립니다. 휴일에는 일하지 않고 쉴 수 있어서 좋고 하고 싶은 일을 할 수 있어서 좋습니다. 사람들은 휴일에 보통 취미 생활을 합니다. 책도 읽고 영화도 보고 운동도 합니다. 그리고 여행을 가는 사람도 많아서 휴일에는 교통이 복잡합니다. 저는 사진 찍기를 좋아해서 휴일에 여기저기 다니면서 사진을 찍습니다.

People look forward to holidays. It's nice because you can rest and not work on holidays, and you can do what you want to do. People usually enjoy their hobbies on holidays. They read books, watch movies, and exercise. And since many people travel on holidays, the traffic is heavy. I like taking pictures, so I go around and take pictures on holidays.

B 요즘은 음식을 먹는 프로그램이 인기가 있습니다. 그래서 텔레비전을 켜면 맛있는 음식을 파는 식당을 소개하고 음식을 맛있게 먹는 프로그램이 많습니다. 이런 프로그램을 본 사람들은 그 음식을 먹으러 식당에 갑니다. 사람들이 음식에 관심이 많기 때문에 요리를 하는 프로그램도 많습니다. 이런 프로그램에서는 간단하고 쉽게 요리할 수 있는 방법을 소개합니다.

These days, programs about eating food are popular. So when you turn on the TV, there are many programs that introduce restaurants that sell delicious food and show people eating food deliciously. People who watch these programs go to the restaurants to eat that food. Because people are interested in food, there are also many programs about cooking. These programs introduce simple and easy ways to cook.

64. **A**

제목: 직원 여러분, 안녕하십니까?

직원 여러분께

안녕하십니까? 필요 없는 물건을 팔고 필요한 물건을 사는 즐거운 행사가 올해에도 다음과 같이 열립니다. 많은 분들의 관심과 참여를 바랍니다.

- 일시: 4월 6일 토요일 10:00~16:00
- 장소: 운동장
- 참여 방법: 3월 22일 금요일까지 이메일 (mskim@hankuk.com)로 신청
- 참가비: 10,000원

B

공지사항

문화 체험 교실 안내

시민 여러분, 안녕하십니까? 인주시 시민 여러분을 위한 여러 가지 문화 체험 교실을 시작합니다. 노래와 춤, 요리 등 다양한 수업을 무료로 준비했습니다. 시민 여러분의 많은 관심을 바랍니다.

- 수업: 6월 3일 월요일 ~ 6월 7일 금요일
- 시간: 10:00~12:00
- 신청: 인주시 홈페이지(inzu@go.kr)

66. **A**

잠은 우리의 건강에 아주 중요합니다. 잠을 적게 자면 기억력이 나빠지고 식욕도 없습니다. 하지만 잠을 너무 많이 자도 건강에 좋지 않습니다. 하루에 7~8시간 자면 적당합니다. 그리고 점심을 먹은 후에 잠깐 낮잠을 자면 좋습니다. 30분 정도 낮잠을 자면 피로도 풀리고 스트레스도 줄일 수 있습니다.

Title: Hello, employees.

To all employees

Hello. The enjoyable event where you can sell unnecessary items and buy necessary items will be held again this year as follows. We look forward to your interest and participation.

- Date: Saturday, April 6th, 10:00 AM~4:00 PM
- Location: Playground
- How to participate: Apply by email (mskim@hankuk.com) by Friday, March 22nd
- Participation fee: 10,000 won

Notice

Cultural Experience Class Announcement

Hello, citizens! We are starting various cultural experience classes for the citizens of Inju City. We have prepared a variety of classes such as singing, dancing, and cooking for free. We hope for your interest.

- Classes: Monday, June 3rd to Friday, June 7th
- Time: 10:00 AM ~ 12:00 PM
- Application: Inju City website (inzu@go.kr)

Sleep is very important for our health. If you don't get enough sleep, your memory gets worse and you lose your appetite. However, sleeping too much is also not good for your health. Sleeping 7~8 hours a day is appropriate. And it's good to take a short nap after lunch. Taking a nap for about 30 minutes relieves fatigue and reduces stress.

B	우리는 매일 많은 냄새를 맡습니다. 익숙한 냄새는 우리의 마음을 편하게 합니다. 그래서 우는 아기가 엄마 냄새를 맡으면 울지 않습니다. 또 기분 좋은 냄새를 맡으면 스트레스가 풀립니다. 그래서 일을 할 때 기분이 좋아지는 냄새가 있으면 도움이 됩니다. 그리고 잠이 오지 않을 때나 다이어트가 필요할 때도 특별한 냄새를 이용할 수 있습니다.	We smell many things every day. Familiar smells make us feel comfortable. That's why a crying baby stops crying when they smell their mother. Also, smelling pleasant scents relieves stress. So, having a scent that makes you feel good while working can be helpful. And you can also use special scents when you can't sleep or when you need to diet.
68. A	삼계탕은 한국에서 더운 여름에 먹는 특별한 음식입니다. 삼계탕은 닭고기와 건강에 좋은 재료를 넣어서 끓입니다. 여름에는 날씨가 더워서 많이 힘들고 피곤합니다. 그래서 건강에 좋은 삼계탕을 먹으면 힘이 납니다. 삼계탕은 뜨거워서 먹을 때 땀이 나지만 맵지 않기 때문에 외국인들에게도 아주 인기가 있습니다.	Samgyetang is a special food eaten in hot summers in Korea. Samgyetang is made by boiling chicken with healthy ingredients. In summer, the weather is hot, so it's very tiring and exhausting. So, eating healthy samgyetang gives you energy. Samgyetang is hot, so you sweat a lot when you eat it, but it's not spicy, so it's very popular even among foreigners.
B	인주시장은 오래된 물건을 파는 시장입니다. 생활에 필요한 물건은 많지 않지만 옛날 물건이 많아서 구경하기가 재미있습니다. 옛날 옷이나 가구, 물건을 좋아하는 사람들이 많이 갑니다. 특별한 물건을 싸게 살 수 있습니다. 요즘은 가게가 전보다 적어졌지만 볼거리와 먹거리가 많아서 외국인들도 많이 찾습니다.	Inju Market is a market that sells old things. There aren't many things necessary for daily life, but there are many old things, so it's fun to look around. Many people who like old clothes, furniture, and objects go there. You can buy special items at a cheap price. These days, there are fewer stores than before, but there are many things to see and eat, so many foreigners also visit.
70. A	제가 사는 동네에 쓰레기로 만든 공원이 있습니다. 전에는 쓰레기를 버리는 곳이어서 냄새도 많이 나고 더러운 곳이었습니다. 그런데 지금은 아름다운 공원이 되었습니다. 꽃과 나무가 많아서 구경하러 오는 사람이 많습니다. 운동을 할 수 있는 곳도 있어서 아침에는 운동하는 사람들이 많습니다. 지금은 깨끗하고 아름다워서 어른들도 아이들도 자주 찾고 좋아하는 곳입니다. 여기가 쓰레기를 버리는 곳이었는지 모르는 사람도 많습니다. 쓰레기를 버리는 곳이 아름다운 공원으로 바뀌어서 정말 좋습니다.	There is a park made of garbage in my neighborhood. It used to be a garbage dump, so it smelled bad and was dirty. But now it has become a beautiful park. There are many flowers and trees, so many people come to see it. There is also a place to exercise, so there are many people exercising in the morning. Now it's clean and beautiful, so both adults and children visit and like it often. Many people don't even know that this place used to be a garbage dump. It's really nice that the garbage dump has turned into a beautiful park.

B 오랜만에 시간이 있어서 컴퓨터에 있는 사진을 정리했습니다. 가족들과 찍은 사진, 친구들과 찍은 사진을 보면서 그때를 생각했습니다. 고등학교를 졸업할 때 찍은 사진이 여러 장 있었습니다. 친구들과 저는 꽃다발과 선물을 들고 웃고 있었습니다. 친구들도 저도 아주 귀여운 모습이었습니다. 사진을 정리한 후에 친구들에게 사진을 보냈습니다. 친구들이 모두 좋아했습니다. 저는 어렸을 때 사진 찍는 것을 좋아하지 않아서 사진이 많지 않습니다. 하지만 이제부터 사진을 많이 찍으려고 합니다. 사진이 있으면 시간이 지난 후에도 오랫동안 기억할 수 있습니다.

I had some free time after a long time, so I organized the photos on my computer. I looked at the photos I took with my family and friends and thought about those times. There were several pictures taken when I graduated from high school. My friends and I were smiling, holding bouquets and gifts. Both my friends and I looked very cute. After organizing the photos, I sent them to my friends. They all liked them. I didn't like taking pictures when I was young, so I don't have many pictures. But I'm going to take a lot of pictures from now on. If I have pictures, I can remember them for a long time even after time has passed.

4 문맥에 맞는 내용 찾기 Finding content that fits the context

55. A 한국 문화를 한 곳에서 경험할 수 있는 곳이 문을 열었습니다. 이곳에서는 한국 영화도 보고 한국 음식도 먹고 한국 화장품도 살 수 있습니다. 그리고 좋아하는 가수의 공연도 볼 수 있습니다. 그래서 이곳에는 한국 문화에 관심이 있는 외국인들이 한국의 문화를 즐기러 많이 찾아옵니다.

A place where you can experience Korean culture in one place has opened. Here, you can watch Korean movies, eat Korean food, buy Korean cosmetics, and even see performances by your favorite singers. So, many foreigners who are interested in Korean culture visit this place to enjoy various Korean cultures.

B 50년이 된 초등학교가 유명한 미술관이 되었습니다. 사람들이 도시로 가고 아이가 줄어서 4년 전부터 이 학교에 학생이 없습니다. 학교가 미술관이 된 후에 많은 사람들이 이곳을 좋아하고 구경하러 옵니다. 특히 이 학교를 졸업한 사람들은 이곳에서 공부했을 때를 생각하면서 자주 옵니다.

An elementary school that is 50 years old has become a famous art museum. People moved to the city and the number of students decreased, so there have been no students at this school for 4 years. After the school became an art museum, many people like this place and come to visit. Especially people who graduated from this school often come here, thinking about the time they studied here.

59. **A** 저는 지금 기숙사에서 삽니다. 같이 사는 친구가 있어서 불편할 때가 많습니다. 친구가 잘 때 조용히 해야 하고 친구가 공부할 때 음식을 먹을 수 없습니다. 하지만 좋은 점도 많습니다. 친구가 제 이야기를 듣고 많이 도와줍니다. 또 주말에 같이 운동도 하고 같이 도서관에도 갑니다. 그래서 혼자 살 때보다 학교생활이 즐겁습니다.

I currently live in a dormitory. It can be inconvenient because I have a roommate. I have to be quiet when my roommate is sleeping, and I can't eat when they are studying. But there are also many good things. My roommate listens to my stories and helps me a lot. Also, we exercise together and go to the library together on weekends. So my school life is more enjoyable than when I lived alone.

B 저는 한국에서 대학교에 들어가려고 준비하고 있습니다. 그래서 한국어를 열심히 공부합니다. 저는 지금 물건을 사거나 여행을 할 때 어려운 문제가 없습니다. 하지만 대학교에서 공부하려면 한국어를 더 많이 공부해야 합니다. 그래서 요즘 한국 뉴스도 듣고 인터넷 기사도 많이 봅니다. 아직 다 이해할 수 없지만 계속 공부하면 좋아질 겁니다.

I'm preparing to enter a university in Korea. So I'm studying Korean hard. I don't have any problems buying things or traveling now. But I need to study Korean more to study at a university. So these days, I also listen to Korean news and read a lot of articles online. I can't understand everything yet, but I think I'll get better if I keep studying.

61. **A** 저는 한 달 전에 이사를 했습니다. 새집은 작은 산 아래에 있어서 조용하고 공기도 좋습니다. 저는 시간이 있을 때 산에 올라가서 쉽니다. 산 위에서 보는 경치가 아주 아름답습니다. 그리고 꽃과 나무를 보면 스트레스가 풀립니다. 교통이 불편해서 학교에 갈 때 시간이 많이 걸리지만 운동을 할 수 있어서 괜찮습니다.

I moved a month ago. My new house is located at the foot of a small mountain, so it's quiet and the air is good. When I have time, I go up the mountain to rest. The view from the top of the mountain is very beautiful. And when I see flowers and trees, my stress is relieved. The transportation is inconvenient, so it takes a lot of time to get to school, but it's okay because I can exercise.

B 저는 주말에 편의점에서 아르바이트를 합니다. 밤에 일을 하기 때문에 좀 피곤하지만 저는 편의점에서 일하는 것이 재미있습니다. 전에는 식당에서 일을 했는데 일이 많아서 아주 힘들었습니다. 지금은 그때보다 하는 일이 적고 어렵지 않아서 편합니다. 그리고 손님이 없는 시간에는 공부도 할 수 있고 앉아서 쉴 수도 있어서 좋습니다.

I work part-time at a convenience store on weekends. I work at night, so I'm a bit tired, but I enjoy working at the convenience store. I used to work at a restaurant, but it was very tiring because there was a lot of work. Now, I have less work and it's not as difficult as it was then, so it's comfortable. And during the hours when there are no customers, I can study or sit and rest, which is nice.

67. **A** 요즘 많은 사람들이 살을 빼기 위해서 운동을 합니다. 운동을 하면 에너지를 많이 사용하기 때문에 살이 빠집니다. 특히 걷거나 뛰는 운동은 에너지가 많이 필요해서 살을 뺄 때 도움이 됩니다. 하지만 너무 심하게 운동을 하면 피곤하니까 많이 먹게 되어서 살이 찔 수 있습니다. 살도 빼고 스트레스도 줄이기 위해서는 적당히 운동을 해야 합니다.

Many people exercise these days to lose weight. You lose weight because you use a lot of energy when you exercise. Especially walking or running exercises require a lot of energy, so they are helpful when losing weight. However, if you exercise too hard, you get tired, so you end up eating more and gaining weight. You need to exercise moderately to lose weight and reduce stress.

B 요즘은 인터넷으로 물건을 사는 사람들이 많습니다. 직접 가지 않아서 힘들지 않고 24시간 문을 닫지 않아서 아무 때나 물건을 살 수 있습니다. 새벽에도 주문할 수 있고 밤늦게도 물건을 살 수 있습니다. 하지만 물건을 본 후에 주문하지 못하기 때문에 좋지 않은 물건을 살 때도 있습니다. 물건의 설명을 잘 보고 선택해야 합니다.

These days, many people shop online. It's not tiring because you don't have to go directly, and you can buy things anytime because it's open 24 hours. You can order even in the early morning or late at night. However, sometimes you can buy bad products because you can't order after seeing the product. You need to read the product description carefully and make a selection.

69. **A** 저는 초등학생 때 봄과 가을에 소풍을 갔습니다. 친구들과 선생님들과 같이 가까운 산이나 공원에 가서 게임도 하고 재미있게 놀았습니다. 게임에서 이긴 친구들은 선생님께서 주신 선물을 받았습니다. 장기 자랑 시간에 춤을 잘 추는 친구들은 우리들에게 춤을 보여 주었습니다. 그리고 노래를 잘하는 친구들은 마이크를 잡고 노래를 불렀습니다. 저는 춤을 잘 추지 못하고 노래도 잘 못해서 춤과 노래를 잘할 수 있는 친구들이 부러웠습니다. 지금 그 친구들이 보고 싶고 선생님이 그립습니다.

When I was an elementary school student, I used to go on picnics in spring and autumn. I went to nearby mountains or parks with my friends and teachers and played games and had fun. The friends who won the games received gifts from the teacher. During the talent show, friends who were good at dancing showed us their dances. And friends who were good at singing held the microphone and sang. I couldn't dance or sing well, so I was envious of my friends who could. I miss those friends and my teacher now.

B 저는 대학교에 다니기 때문에 기숙사에서 삽니다. 기숙사에 식당도 있고 도서관도 있어서 좋습니다. 부모님은 저를 걱정해서 매일 전화를 합니다. 부모님은 제가 밥을 잘 먹고 아프지 않은지 물어봅니다. 저는 무엇을 먹고 무엇을 했는지 부모님께 자세히 설명합니다. 그리고 제가 먹은 음식 사진도 보냅니다. 부모님과 같이 살 때보다 지금 더 많이 부모님과 이야기를 합니다. 저는 기숙사에서 혼자 살지만 부모님과 같이 있는 것 같아서 외롭지 않습니다. 방학이 되면 제일 먼저 부모님을 만나러 갈 겁니다.

I live in a dormitory because I go to university. It's good because the dormitory has a cafeteria and a library. My parents worry about me and call me every day. They ask if I'm eating well and if I'm sick. I explain in detail to my parents what I ate and what I did. And I also send them pictures of the food I ate. I talk to my parents more now than when I lived with them. I live alone in the dormitory, but I don't feel lonely because it feels like I'm with my parents. When the vacation comes, the first thing I'll do is go see my parents.

5 글의 순서 파악하기 Understanding the order of the text

57. **A**
(다) 어제 친구와 같이 공원으로 산책을 하러 갔습니다.
(가) 사람들이 많지 않아서 시끄럽지 않았습니다.
(라) 조용한 공원을 걸으면서 깨끗한 공기를 마시니까 기분이 좋았습니다.
(나) 산책을 끝내고 공원 벤치에 앉아서 쉬었습니다.

(다) Yesterday, I went for a walk in the park with my friend.
(가) There weren't many people, so it wasn't noisy.
(라) I felt good walking in the quiet park and breathing the clean air.
(나) After the walk, we sat on a park bench and rested.

B
(나) 저는 한 달 동안 학원에서 운전을 연습했습니다.
(라) 선생님께서 열심히 가르쳐 주셔서 재미있게 배웠습니다.
(가) 어제 처음 시내에 나가서 운전을 했습니다.
(다) 시내에 차도 많고 신호등도 많아서 힘들었습니다.

(나) I practiced driving at a driving school for a month.
(라) The teacher taught me diligently, so it was fun to learn.
(가) Yesterday, I drove in the city for the first time.
(다) It was hard because there were many cars and traffic lights in the city.

58. **A**
(나) 사람은 살기 위해서 물이 꼭 필요합니다.
(다) 하지만 사람이 마실 수 있는 물은 많지 않습니다.
(가) 대부분의 물은 바닷물이기 때문입니다.
(라) 바닷물을 마실 수 있는 물로 바꿀 수 있지만 돈이 많이 듭니다.

(나) People definitely need water to live.
(다) But there is not much drinkable water.
(가) This is because most of the water is seawater.
(라) Seawater can be converted into drinkable water, but it costs a lot of money.

B
(다) 플라스틱은 값이 싸고 편리하기 때문에 많이 사용합니다.
(가) 그래서 플라스틱 쓰레기가 많아지고 있습니다.
(라) 플라스틱 쓰레기는 시간이 많이 지나도 없어지지 않습니다.
(나) 이런 쓰레기 때문에 많은 동물과 물고기들이 죽습니다.

(다) Plastic is widely used because it is cheap and convenient.
(가) So, plastic waste is increasing.
(라) Plastic waste does not disappear even after a long time.
(나) Many animals and fish die because of this waste.

부록 2 표현 색인 Expression index

표현	영어	중국어	일본어	베트남어
가깝다	to be close	近	近い	gần
가끔	sometimes	偶尔	時々	thỉnh thoảng
가다	to go	去	行く	đi
가르치다	to teach	教	教える	dạy học
가방	bag	包	バック	cặp
가볍다	to be light	轻	軽い	nhẹ
가수	singer	歌手	歌手	ca sĩ
가족	family	家人	家族	gia đình
간단하다	to be simple	简单	簡単だ	đơn giản
같이	together	一起	一緒に	cùng nhau
개월	month	月	ヶ月	tháng
거리	street	街道	通り	đường phố
거짓말	lie	谎言	嘘	nói dối
걱정하다	to worry	担心	心配する	lo lắng
건강이 좋아지다	to become healthy	身体好转	体調が良くなる	sức khỏe tốt hơn
건강하다	to be healthy	健康	健康だ	khỏe mạnh
건강해지다	to become healthy	变健康	健康になる	trở nên khỏe mạnh
걷다	to walk	走路	歩く	đi bộ
걸리다	to take (time)	得（病）	かかる	mất (thời gian)
걸어서 가다	to walk	走路去	歩いて行く	đi bộ
겨울	winter	冬天	冬	mùa đông
경찰	police officer	警察	警察	cảnh sát
경치	scenery	风景	景色	phong cảnh
경험하다	to experience	经历	経験する	trải nghiệm
고기	meat	肉	肉	thịt
고향	hometown	家乡	故郷	quê hương
공기	air	空气	空気	không khí
공무원	public official	公务员	公務員	công chức
공부	study	学习	勉強	học

표현	영어	중국어	일본어	베트남어
공부하다	to study	学习	勉強する	học tập
공연	performance	演出	公演	buổi biểu diễn
공항	airport	机场	空港	sân bay
과일	fruit	水果	果物	hoa quả
관심	interest	关心	関心	mối quan tâm
괜찮다	to be okay	没关系	大丈夫だ	không sao
교통	traffic	交通	交通	giao thông
교통정리	traffic control	交通疏导	交通整理	điều khiển giao thông
구경	looking around	逛	見物	xem
구경하다	to look around	逛	見物する	xem
귀엽다	to be cute	可爱	可愛い	dễ thương
그래서	so	所以	だから	vì vậy
그러나	however	但是	しかし	nhưng
그러니까	so	所以	だから	vì vậy
그러면	then	那么	それでは	vậy thì
그런데	however	不过	ところで	nhưng mà
그렇지만	but	但是	けれども	nhưng mà
그리고	and	然后	そして	và
그립다	to miss	想念	懐かしい	nhớ
극장	theater	电影院	劇場	rạp chiếu phim
근처	near	附近	近く	gần
금방	soon	马上	もうすぐ	nhanh thôi
금요일	Friday	星期五	金曜日	thứ sáu
기다리다	to wait	等待	待つ	chờ đợi
기분	feeling	心情	気分	tâm trạng
기분이 나쁘다	to feel bad	心情不好	気分が悪い	tâm trạng không vui
기분이 좋다	to feel good	心情好	気分が良い	tâm trạng vui
기사	article	文章	記事	bài báo
기숙사	dormitory	宿舍	寮	ký túc xá
기억력	memory	记忆力	記憶力	trí nhớ
기억하다	to remember	记得	覚えている	ghi nhớ

표현	영어	중국어	일본어	베트남어
길	street	路	道	đường
김밥	gimbap	紫菜包饭	キンパ	kimbap (cơm cuộn)
김치	kimchi	泡菜	キムチ	kim chi
까지	until	到...为止	まで	cho đến
꼭	definitely	一定	必ず	nhất định
꽃	flower	花	花	hoa
꽃이 피다	flowers bloom	花开	花が咲く	hoa nở
끓이다	to boil	煮	沸かす	đun sôi
끝나다	to finish	结束	終わる	kết thúc
끝내다	to finish	结束	終える	hoàn thành
나가다	to go out	出去	出かける	đi ra ngoài
나누다	to share	分享	分け合う	chia sẻ
나라	country	国家	国	quốc gia
나무	tree	树	木	cây
날마다	every day	每天	毎日	mỗi ngày
날씨	weather	天气	天気	thời tiết
날씨가 나쁘다	to be bad weather	天气不好	天気が悪い	thời tiết xấu
낮잠을 자다	to take a nap	睡午觉	昼寝をする	ngủ trưa
내일	tomorrow	明天	明日	ngày mai
냄새가 나다	to be smell	有味道	臭いがする	có mùi
냄새를 맡다	to be smell	闻味道	匂いを嗅ぐ	ngửi mùi
넓다	to be wide	宽敞	広い	rộng
넣다	to insert	放入	入れる	đút
노래	song	歌曲	歌	bài hát
노래방	karaoke	KTV	カラオケ	quán karaoke
놀다	to play	玩	遊ぶ	chơi
놀라다	to be surprised	吃惊	驚く	ngạc nhiên
높임말	honorifics	敬语	敬語	kính ngữ
놓치다	to miss	错过	逃す	bỏ lỡ
누르다	press	按	押す	nhấn
늦게	late	晚	遅く	muộn
다니다	to attend	上	通う	thường xuyên lui tới

표현	영어	중국어	일본어	베트남어
다양하다	to be diverse	多样	多様だ	đa dạng
다음에	next time	下次	今度	lần sau
달	month	月	月	tháng
달다	to be sweet	甜	甘い	ngọt
대답하다	to answer	回答	答える	trả lời
대부분	most	大部分	大部分	phần lớn
대학교	university	大学	大学	đại học
대학원	graduate school	研究生院	大学院	cao học
대회	contest	大会	大会	đại hội
더럽다	to be dirty	脏	汚い	bẩn
덥다	to be hot	热	暑い	nóng
도서관	library	图书馆	図書館	thư viện
도시	city	城市	都市	thành phố
도와주다	to help	帮助	助ける	giúp đỡ
도움	help	帮助	助け	sự giúp đỡ
도착하다	to arrive	到达	到着する	đến nơi
돈	money	钱	お金	tiền
돈이 들다	to cost money	花钱	お金がかかる	tốn tiền
돌아가다	to return	回去	帰る	trở về
동생	younger sibling	弟弟/妹妹	弟／妹	em
드라마	drama	电视剧	ドラマ	phim
듣다	to listen	听	聴く	nghe
들어가다	to enter	进去	入る	đi vào
등산	hiking	登山	登山	leo núi
따뜻하다	to be warm	温暖	温かい	ấm áp
딸기	strawberry	草莓	いちご	dâu tây
땀이 나다	to sweat	出汗	汗が出る	đổ mồ hôi
떡볶이	tteokbokki	炒年糕	トッポッキ	bánh gạo cay
똑바로	straight	笔直地	まっすぐ	thẳng
마시다	to drink	喝	飲む	uống
마음	heart	心	心	trái tim, tấm lòng
만나다	to meet	见面	会う	gặp gỡ

표현	영어	중국어	일본어	베트남어
만들다	to make	做	作る	làm
만화	comic book	漫画	漫画	truyện tranh
많다	to be many	多	多い	nhiều
말	word	语言	言葉	lời nói
맛	flavor	味道	味	mùi vị
맛있다	to be delicious	好吃	美味しい	ngon
맛집	delicious restaurant	美食店	グルメ店	quán ăn ngon
매우	very	非常	とても	rất
매일	every day	每天	毎日	hàng ngày
먹거리	things to eat	美食	食べ物	món ăn đáng thử
먹다	to eat	吃	食べる	ăn
먼저	first	先	まず	trước tiên
멀다	to be far	远	遠い	xa
모르다	to not know	不知道	知らない	không biết
모으다	to save	攒	貯める	tiết kiệm
모이다	to gather	聚集	集まる	tụ tập
모임	gathering	聚会	集まり	buổi gặp mặt
못하다	cannot	不能	できない	không thể
무겁다	to be heavy	重	重い	nặng
무료	free	免费	無料	miễn phí
문을 열다	to open	开门	ドアを開ける	mở cửa
문자메시지	text message	短信	メッセージ	tin nhắn
문화	culture	文化	文化	văn hóa
물	water	水	水	nước
물건	things	东西	物	đồ vật
물어보다	to ask	提问	尋ねる	hỏi
미술관	art museum	美术馆	美術館	bảo tàng mỹ thuật
바꾸다	to change	更换	変える	thay đổi
바뀌다	to be changed	改变	変わる	thay đổi
바다	sea	海	海	biển
바라다	to hope	希望	願う	mong muốn
바람	wind	风	風	gió

표현	영어	중국어	일본어	베트남어
바람이 불다	to be windy	刮风	風が吹く	gió thổi
바쁘다	to be busy	忙	忙しい	bận rộn
바지	pants	裤子	ズボン	quần
박물관	museum	博物馆	博物館	bảo tàng
받다	to receive	接收	受け取る	nhận
밤	night	晚上	夜	buổi tối
밥	rice (cooked)	米饭	ご飯	cơm
방학	vacation	放假	休み	kỳ nghỉ
배가 고프다	to be hungry	肚子饿	お腹が空く	đói bụng
배우	actor	演员	俳優	diễn viên
배우다	to learn	学习	習う	học
백화점	department store	百货商店	デパート	trung tâm thương mại
버리다	to throw away	扔掉	捨てる	vứt bỏ
버스	bus	公共汽车	バス	xe buýt
벌	counter for clothes	条	本	bộ
병원	hospital	医院	病院	bệnh viện
보내다	to send	寄	送る	gửi
보다	to look at	看	見る	ngắm
보통	usually	一般	普通	bình thường
복잡하다	to be crowded	拥堵	複雑だ	phức tạp
볼거리	things to see	看点	見どころ	điều thú vị đáng xem
부럽다	to be envious	羡慕	羨ましい	ghen tị
부르다	sing	唱	歌う	hát
불편하다	to be inconvenient	不方便	不便だ	bất tiện
비가 오다	to rain	下雨	雨が降る	trời mưa
비밀번호	password	密码	パスワード	mật khẩu
비빔밥	bibimbap	拌饭	ビビンバ	cơm trộn (bibimbap)
비싸다	to be expensive	贵	高い	đắt
비행기	airplane	飞机	飛行機	máy bay
빠르다	to be fast	快	速い	nhanh
빨래	laundry	洗衣服	洗濯	giặt giũ

표현	영어	중국어	일본어	베트남어
빨리	quickly	快	速く	nhanh
빵	bread	面包	パン	bánh mì
사과	apple	苹果	りんご	táo
사귀다	to make friends	交往	付き合う	kết bạn
사다	to buy	买	買う	mua
사람	person	人	人	người
사용하다	to use	使用	使う	sử dụng
사진을 찍다	to take pictures	拍照	写真を撮る	chụp ảnh
산	mountain	山	山	núi
산책	walk	散步	散歩	đi dạo
살다	to live	生活	住む	sống
살을 빼다	to lose weight	减肥	痩せる	giảm cân
살이 빠지다	to lose flesh	变瘦	痩せる	sụt cân
살이 찌다	to gain weight	变胖	太る	tăng cân
삼계탕	samgyetang (korean ginseng chicken soup)	参鸡汤	サムゲタン	samgyetang (món gà hầm sâm)
새로	new	重新	新しく	mới
생일	birthday	生日	誕生日	sinh nhật
선물	present	礼物	プレゼント	quà
선배	senior	前辈	先輩	tiền bối
선생님	teacher	老师	先生	giáo viên
선택하다	to choose	选择	選ぶ	lựa chọn
설명	explanation	说明	説明	giải thích
소개	introduce	介绍	紹介	giới thiệu
소개하다	to introduce	介绍	紹介する	giới thiệu
소설	novel	小说	小説	tiểu thuyết
소풍	picnic	野餐	ピクニック	dã ngoại
손	hand	手	手	tay
손님	customer	客人	お客さん	khách
쇼핑	shopping	购物	ショッピング	mua sắm
수업	class	上课	授業	tiết học

표현	영어	중국어	일본어	베트남어
수영	swimming	游泳	水泳	bơi lội
숙제	homework	作业	宿題	bài tập về nhà
쉬다	to rest	休息	休む	nghỉ ngơi
스트레스가 풀리다	to relieve stress	释放压力	ストレスが解消する	giải tỏa căng thẳng
시간	time	时间	時間	thời gian
시간이 있다	to have time	有时间	時間がある	có thời gian
시간이 지나다	time passes	时间流逝	時が経つ	thời gian trôi qua
시끄럽다	to be noisy	吵闹	うるさい	ồn ào
시내	downtown	市中心	市内	trung tâm thành phố
시민	citizen	市民	市民	công dân
시원하다	refreshing	凉爽	涼しい	mát mẻ
시장	market	市场	市場	chợ
시청	city hall	市政府	市役所	tòa thị chính
시합	match	比赛	試合	trận đấu
시험	exam	考试	試験	bài kiểm tra
시험을 보다	to take an exam	考试	試験を受ける	làm bài kiểm tra
식당	restaurant	饭店	食堂	nhà hàng
식사	meal	吃饭	食事	bữa ăn
식욕	appetite	食欲	食欲	sự thèm ăn
신입생	freshman	新生	新入生	học sinh mới
신청	application	申请	申し込み	đăng ký
신호등	traffic light	红绿灯	信号	đèn giao thông
심심하다	to be bored	无聊	退屈だ	buồn chán
심하다	to be severe	严重	ひどい	nghiêm trọng
싸다	to be cheap	便宜	安い	rẻ
쓰다	to write	写	書く	viết
쓰다	to use	使用	使う	dùng
쓰다	to put up	戴	さす	đội
쓰레기	trash	垃圾	ゴミ	rác
씻다	to wash	洗	洗う	rửa
아까	a while ago	刚才	さっき	lúc nãy

표현	영어	중국어	일본어	베트남어
아르바이트	part-time job	打工	アルバイト	việc làm thêm
아름답다	to be beautiful	美丽	美しい	đẹp
아무 때나	anytime	随时	いつでも	bất cứ lúc nào
아이스크림	ice cream	冰淇淋	アイスクリーム	kem
아직	yet	还	まだ	vẫn còn
아프다	to be painful	生病	痛い	đau
악기	musical instrument	乐器	楽器	nhạc cụ
안내	information	指南	案内	hướng dẫn
안전하다	to be safe	安全	安全だ	an toàn
알다	know	知道	知っている	biết
앞	front	前面	前	phía trước
야구	baseball	棒球	野球	bóng chày
약국	pharmacy	药店	薬局	nhà thuốc
약속	appointment	约定	約束	cuộc hẹn
약속을 지키다	to keep a promise	守约	約束を守る	giữ lời hứa
약속을 하다	to make a promise	约定	約束をする	hẹn
어렵다	to be difficult	难	難しい	khó
없다	to not have	没有	いない／ない	không có
없어지다	to disappear	消失	なくなる	biến mất
여러	various	很多	いろいろ	nhiều
여름	summer	夏天	夏	mùa hè
여행	travel	旅行	旅行	du lịch
역	station	车站	駅	ga
역사	history	历史	歴史	lịch sử
연락처	contact information	联系方式	連絡先	thông tin liên lạc
연락하다	to contact	联系	連絡する	liên lạc
연습	practice	练习	練習	luyện tập
연습하다	to practice	练习	練習する	luyện tập
연예인	celebrity	艺人	芸能人	người nổi tiếng
열리다	to be held	举行	開催される	được tổ chức
열심히	diligently	努力地	一生懸命	chăm chỉ
영화	movie	电影	映画	phim

표현	영어	중국어	일본어	베트남어
옆	next to	旁边	横	bên cạnh
예매	booking in advance	预订	予約する	mua vé trước
예쁘다	to be pretty	漂亮	きれいだ	đẹp
옛날	old days	古	昔	ngày xưa
오늘	today	今天	今日	hôm nay
오다	to come	来	来る	đến
오래되다	to be old	陈旧	古い	lâu đời
오랜만에	after a long time	好久不见	久しぶりに	đã lâu rồi
오리엔테이션	orientation	说明会	オリエンテーション	buổi định hướng
올라가다	to go up	上升	上がる	đi lên
올해	this year	今年	今年	năm nay
옷	clothes	衣服	服	quần áo
왜	why	为什么	なぜ	tại sao
외국어	foreign language	外语	外国語	ngoại ngữ
외롭다	to be lonely	孤独	寂しい	cô đơn
왼쪽	left	左边	左	bên trái
요리	cooking	料理	料理	nấu ăn
요리하다	to cook	做饭	料理する	nấu ăn
요즘	these days	最近	最近	dạo này
우산	umbrella	雨伞	傘	ô (dù)
우유	milk	牛奶	牛乳	sữa bò
우체국	post office	邮局	郵便局	bưu điện
운동	exercise	运动	運動	tập thể dục
운동선수	athlete	运动员	スポーツ選手	vận động viên
운전	drive	开车	運転	lái xe
원	won	韩元	ウォン	won (đơn vị tiền hàn)
월요일	Monday	星期一	月曜日	thứ hai
위	on	上面	上	trên
윗사람	one's elder	长辈	目上の人	người lớn tuổi
유명하다	to be famous	有名	有名だ	nổi tiếng
은행	bank	银行	銀行	ngân hàng

표현	영어	중국어	일본어	베트남어
은행원	bank teller	银行职员	銀行員	nhân viên ngân hàng
음료수	beverage	饮料	飲み物	nước ngọt
음식	food	食物	食べ物	món ăn
음악	music	音乐	音楽	âm nhạc
응원	cheer	应援	応援	cổ vũ
의사	doctor	医生	医者	bác sĩ
이기다	to win	赢	勝つ	chiến thắng
이메일	email	电子邮件	イーメール	thư điện tử
이사	move	搬家	引っ越し	chuyển nhà
이용하다	to use	利用	利用する	sử dụng
이해하다	to understand	理解	理解する	hiểu
익숙하다	to be familiar	熟悉	慣れている	quen thuộc
인기	popular	人气	人気	nổi tiếng
일	work	工作	仕事	công việc
일기	diary	日记	日記	nhật ký
일어나다	to wake up	起床	起きる	thức dậy
일찍	early	早	早く	sớm
일하다	to work	工作	働く	làm việc
읽다	to read	读	読む	đọc
입다	to wear	穿	着る	mặc
있다	to have	有	いる／ある	có
잊어버리다	to forget	忘记	忘れる	quên
자랑	boast	自豪	自慢	tự hào
자주	often	经常	よく	thường xuyên
작다	to be small	小	小さい	nhỏ
잘	well	好	上手に	tốt
잘하다	to do well	做得好	上手だ	giỏi
잠깐	for a moment	一会儿	ちょっと	chốc lát
잠을 자다	to sleep	睡觉	眠る	ngủ
잠이 오다	to fall asleep	想睡觉	眠くなる	buồn ngủ
장미	rose	玫瑰	バラ	hoa hồng

표현	영어	중국어	일본어	베트남어
재료	ingredients	材料	材料	nguyên liệu
저녁	evening	晚上	夕食	bữa tối
적다	to be few	少	少ない	ít
적당하다	to be appropriate	适当	適度だ	vừa phải
적어지다	to be decrease	减少	少なくなる	giảm đi
전자책	e-book	电子书	電子書籍	sách điện tử
전화를 받다	to answer the phone	接电话	電話に出る	trả lời điện thoại
전화번호	phone number	电话号码	電話番号	số điện thoại
점심	lunch	午饭	昼ごはん	bữa trưa
젓가락	chopsticks	筷子	箸	đũa
정리하다	to organize	整理	整理する	dọn dẹp
정말로	really	真的	本当に	thực sự
제일	most	最	一番	nhất
제주도	jeju island	济州岛	済州島	đảo jeju
조금	a little	一点	少し	một ít
조금만	just a little bit	一点点	少しだけ	một chút thôi
조용하다	to be quiet	安静	静かだ	yên tĩnh
조용히	quietly	安静地	静かに	yên tĩnh
졸업하다	to graduate	毕业	卒業する	tốt nghiệp
종이책	paper book	纸质书	本	sách giấy
좋아지다	to be get better	变好	良くなる	trở nên tốt hơn
좋아하다	to like	喜欢	好きだ	thích
주다	to give	给	あげる	cho
주말	weekend	周末	週末	cuối tuần
주문하다	to order	点餐	注文する	đặt hàng
주소	address	地址	住所	địa chỉ
주스	juice	果汁	ジュース	nước ép
주중	weekdays	周中	平日	ngày thường
준비하다	to prepare	准备	準備する	chuẩn bị
줄다	to decrease	减少	減る	cho, tặng
줄이다	to reduce	减少	減らす	giảm
중고	secondhand	二手	中古	đồ cũ

표현	영어	중국어	일본어	베트남어
중국	China	中国	中国	trung quốc
중국 사람	Chinese person	中国人	中国人	người trung quốc
즐겁다	to be enjoyable	快乐	楽しい	vui vẻ
즐기다	to be enjoy	享受	楽しむ	tận hưởng
지각하다	to be late	迟到	遅刻する	đến muộn
지금	now	现在	今	bây giờ
지나다	to pass (time)	经过	過ぎる	trôi qua
지루하다	to be boring	无聊	退屈だ	chán
지하철	subway	地铁	地下鉄	tàu điện ngầm
직업	job	职业	職業	nghề nghiệp
직원	employee	职员	社員	nhân viên
직접	directly	直接	直接	trực tiếp
질문하다	to ask a question	提问	質問する	hỏi
집	house	家	家	nhà
집안일	housework	家务	家事	việc nhà
차	car	车	車	ô tô
착하다	to be kind	善良	優しい	tốt bụng
참가비	participation fee	参加费	参加費	phí tham gia
참여하다	to participate	参加	参加する	tham gia
찾다	to visit	找	探す	tìm kiếm
찾아오다	to visit	来访	訪れる	tìm đến
채소	vegetables	蔬菜	野菜	rau
책	book	书	本	sách
책상	desk	书桌	机	bàn làm việc
처음	for the first time	第一次	初めて	lần đầu
천천히	slowly	慢慢地	ゆっくり	từ từ
청소	cleaning	打扫	掃除	dọn dẹp
체육관	gym	体育馆	体育館	nhà thi đấu
초대하다	to invite	邀请	招待する	mời
축구	soccer	足球	サッカー	bóng đá
축제	festival	节日	祭り	lễ hội
춤을 추다	to dance	跳舞	ダンスを踊る	nhảy

표현	영어	중국어	일본어	베트남어
춥다	to be cold	冷	寒い	lạnh
취미	hobby	爱好	趣味	sở thích
취직하다	to get a job	就业	就職する	xin việc
치마	skirt	裙子	スカート	váy
친구	friend	朋友	友達	bạn bè
친절하다	to be kind	亲切	親切だ	thân thiện
카드	card	卡	カード	thẻ
카페	cafe	咖啡馆	カフェ	quán cà phê
컴퓨터	computer	电脑	コンピューター	máy tính
켜다	to turn on	打开	つける	bật
타다	to ride	坐	乗る	đi
태권도	taekwondo	跆拳道	テコンドー	taekwondo
텔레비전	television	电视	テレビ	ti vi
특별하다	to be special	特别	特別だ	đặc biệt
특히	especially	特别是	特に	đặc biệt là
파티	party	派对	パーティー	buổi tiệc
팔다	to sell	卖	売る	bán
편리하다	to be convenient	方便	便利だ	tiện lợi
편의점	convenience store	便利店	コンビニ	cửa hàng tiện lợi
편지	letter	信	手紙	thư
편하다	to be comfortable	方便	楽だ、快適だ	thoải mái
포도	grape	葡萄	ぶどう	nho
포크	fork	叉子	フォーク	dĩa
피곤하다	to be tired	疲倦	疲れている	mệt mỏi
피로가 풀리다	to relieve fatigue	消除疲劳	疲れが取れる	giải tỏa mệt mỏi
피아노를 치다	to play the piano	弹钢琴	ピアノを弾く	chơi piano
필요 없다	to be unnecessary	不需要	必要ない	không cần
필요하다	to need	需要	必要だ	cần thiết
하다	to do	做	する	làm
하지만	but	但是	しかし	nhưng mà
학교	school	学校	学校	trường học
학교생활	school life	学校生活	学校生活	cuộc sống ở trường

표현	영어	중국어	일본어	베트남어
학생	student	学生	学生	học sinh
학원	academy	补习班	塾	học viện
한가하다	to be free	空闲	暇だ	rảnh rỗi
한국 생활	life in Korea	韩国生活	韓国生活	cuộc sống ở hàn quốc
한국 음식	Korean food	韩国食物	韓国料理	đồ ăn hàn quốc
한국말	korean language	韩语	韓国語	tiếng hàn
한식	Korean food	韩食	韓国料理	món ăn hàn quốc
해외여행	overseas travel	海外旅行	海外旅行	du lịch nước ngoài
행복하다	to be happy	幸福	幸せだ	hạnh phúc
행사	event	活动	行事	sự kiện
형	brother	哥哥	兄	anh trai
혼자	alone	独自	一人	một mình
화가 나다	to get angry	生气	腹が立つ	tức giận
환자	patient	患者	患者	bệnh nhân
회사	company	公司	会社	công ty
회사 일	company work	公司的事	会社の仕事	công việc công ty
회사원	office worker	公司职员	会社員	nhân viên công ty
휴일	holiday	假日	休日	ngày nghỉ
힘들다	to be difficult	辛苦	つらい	khó khăn
힘이 나다	to gain energy	精神焕发	元気が出る	tràn đầy năng lượng

부록

3 OMR 답안지 작성법 How to fill out the OMR answer sheet

PBT 토픽 시험은 OMR 답안지에 답을 체크해야 한다. OMR 답안지를 받으면 먼저 성명을 한국어와 영어로 쓰고 수험표에 나와 있는 대로 수험 번호를 기재하고 각 번호를 알맞은 칸에 표시한다. 문제를 풀고 각 번호의 답에 맞게 체크한다.

The PBT TOPIK requires you to mark your answers on an OMR answer sheet. When you receive the OMR answer sheet, first write your name in both Korean and English, then fill in your examinee number as it appears on your admission ticket, marking each number in the appropriate box. After solving the problems, mark the correct answer for each question number.

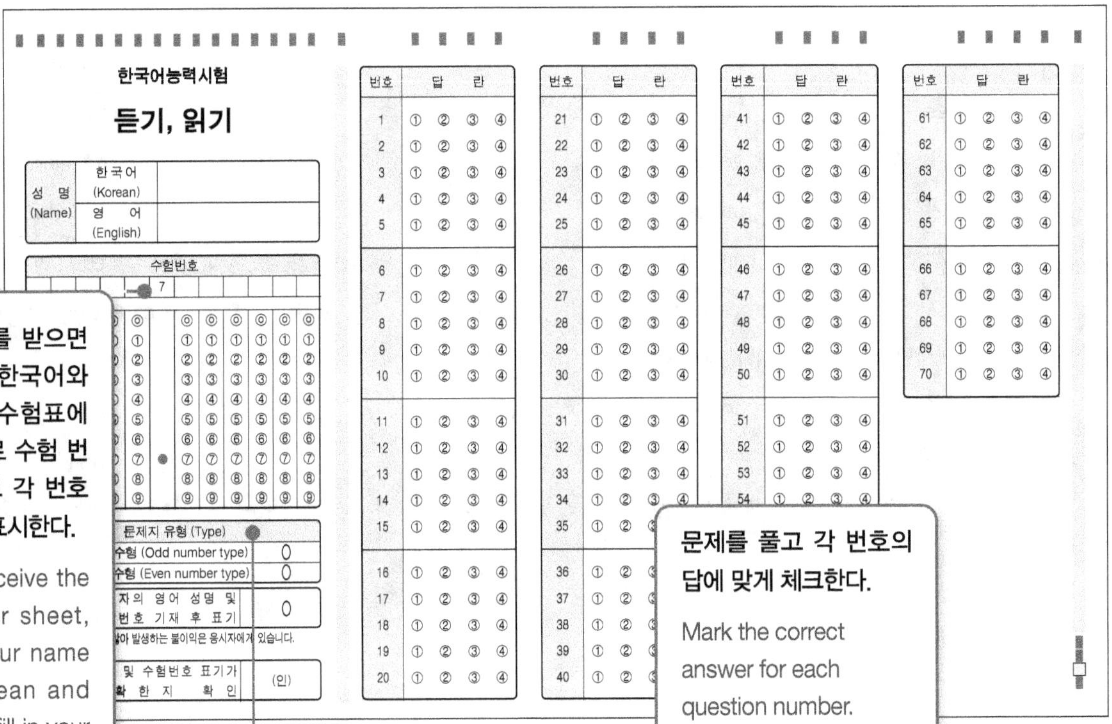

OMR 답안지를 받으면 먼저 성명을 한국어와 영어로 쓰고 수험표에 나와 있는 대로 수험 번호를 기재하고 각 번호를 칸에 맞춰 표시한다.

When you receive the OMR answer sheet, first write your name in both Korean and English, then fill in your examinee number as it appears on your admission ticket, marking each number in the appropriate box.

문제를 풀고 각 번호의 답에 맞게 체크한다.

Mark the correct answer for each question number.

감독관에게 받은 문제지를 보고 '홀수형'인지 '짝수형'인지 확인하고 해당 유형에 체크한다.

Check the question paper you received from the supervisor to see if it is an "odd-numbered type" or an "even-numbered type" and mark the corresponding type.

www.ingramcontent.com/pod-product-compliance
Lightning Source LLC
LaVergne TN
LVHW081547070526
838199LV00061B/4244